서두칠의
지금은 전문경영인시대

서두칠의 지금은 전문경영인시대

저자_ 서두칠

1판 1쇄 발행_ 2006. 4. 20.
1판 4쇄 발행_ 2010. 11. 27.

발행처_ 김영사
발행인_ 박은주

등록번호_ 제406-2003-036호
등록일자_ 1979. 5. 17.

경기도 파주시 교하읍 문발리 출판단지 514-2 우편번호 413-834
마케팅부 031)955-3100, 편집부 031)955-3250, 팩시밀리 031)955-3111

저작권자 ⓒ 2006, 서두칠
이 책의 저작권은 저자에게 있습니다. 저자와 출판사의 허락 없이
내용의 일부를 인용하거나 발췌하는 것을 금합니다.

Copyright ⓒ 2006 by Suh, Doo Chil
All rights reserved including the rights of reproduction
in whole or in part in any form. Printed in KOREA.

값은 뒤표지에 있습니다.
ISBN 978-89-349-2169-1 03320

독자의견 전화_ 031)955-3200
홈페이지_ http://www.gimmyoung.com
이메일_ bestbook@gimmyoung.com

좋은 독자가 좋은 책을 만듭니다.
김영사는 독자 여러분의 의견에 항상 귀 기울이고 있습니다.

서두칠의 지금은 전문 경영인 시대

Professional Manager

김영사

Not the biggest, But the best!

경영에는 항상 위기가 함께한다. CEO가 '우리는 이만하면 됐다'
'이제 좀 여유를 찾자'라고 생각하는 순간이 바로 그 회사의 전성기이며,
그때부터 실적은 곤두박질치기 시작한다!

책머리에

다시 전문경영인의 시대를 꿈꾸며

2001년 봄, 한국전기초자(주)의 경영혁신 이야기 『우리는 기적이라 말하지 않는다』를 펴낸 후 저는 많은 분들께 분에 넘치는 격려를 받았습니다. 그로부터 5년이 지난 올해 봄, 그 후속작이라 할 '제품' 하나를 만들어 다시 여러분께 내놓는 마음이 여간 조심스럽지 않습니다.

서점에 가보면 경영학 석학들의 탁월한 이론서들이 서가에 넘쳐나고 있습니다. 그런데도 『우리는 기적이라 말하지 않는다』가 그토록 과분한 관심을 받을 수 있었던 것은, 탁상에서 궁리한 이론을 현장에 적용한 사례를 담은 게 아니라, 경영현장의 생생한 체험을 복기(復棋)하여 제 나름의 경영이론을 만들어낸 때문이 아닌가 생각합니다.

이제 한국전기초자라는 숲을 빠져나와서 보다 객관적인 눈으로 조망해 보니, 그때 제가 추진했던 경영혁신의 내용들이 어떤 모습이었는지 더욱 명징하게 드러나 보입니다.
　언젠가 도종환 시인이 〈TV는 사랑을 싣고〉라는 프로그램에 출연하여 오래전에 가르쳤던 제자를 만난 자리에서 했던 얘기가 생각납니다.
　"선생님은 전근발령을 받으면 이전에 가르쳤던 제자들은 빨리 잊어버리려고 애를 쓴다. 그래야 새로운 제자들에게 온전하게 사랑과 관심을 쏟을 수 있기 때문이야."
　아마 이런 내용이었던 것 같습니다. 교육뿐만이 아니라 경영도 그러할 것입니다. 새로운 회사를 맡았으면 이전 회사에서의 성과나 과오는 말끔히 털어내 버리고 새로운 비전을 만들어나가야 하겠지요. 그런데도 이 책의 앞부분을, 이미 그만둔 회사인 한국전기초자에 관련된 내용으로 채운 것은 나름의 이유가 있습니다.
　우선 "온몸을 던져서 경영혁신의 성공사례를 일구어낸 그 회사에서 당신은 왜 그렇게 도망치듯 떠나버렸는가?"라는 독자들의 궁금증을 풀어주는 것이 예의라고 생각했습니다. 두 번째로는, 앞에서 언급했듯이 한국전기초자라는 현장에서 실천했던 혁신의 체험들을 이제 좀 찬찬히 뜯어볼 필요와 여유가 생겼기 때문입니다.

저는 지금 '동원시스템즈'라는 통신장비 제조업체의 경영책임을 맡고 있습니다. 모래를 녹여서 유리를 만드는, 그야말로 '굴뚝산업'이라 부르는 전통 제조업체의 사장으로 있다가, 최첨단 통신장비를 개발하는 업체를 새로 맡았을 때 저는 몹시 설레었습니다.

'서두칠식' 경영이 여기서도 통할 것인가? 제품의 품목도, 생산과정도, 조직구성원의 성격도, 판매시장의 모습도 판이한 이 현장에서 나는 또 어떤 혁신사례를 만들어낼 수 있을 것인가? 전문경영인으로서 이런 질문들에 대한 근사한 해답을 만들어 보여야겠다고 생각했고, 그 내용들을 이 책에 담았습니다.

또 그동안 강연을 다니면서 그 현장에서 만난 사람들을 통해 체득한 경험이나 강연 준비과정에서 정리한 경영의 지혜들을 나름으로는 성의껏 모았습니다.

여러분의 질정(叱正)을 기다리겠습니다. 아직 그 풍토가 척박한 '전문경영인 문화'의 토양을 바꿔가는 데 이 책이 한줌 거름이 될 수 있기를 기대합니다.

2006년 봄
서두칠

차례 Professional Manager

책머리에 | 다시 전문경영인의 시대를 꿈꾸며 · 6

❶ 나는 전문경영인이다
전문경영인과 월급사장 · 17
해운대에서의 담판 · 33
한국전기초자 그후 · 41
세상에서 가장 바쁜 백수 · 47
제조업은 사양산업이 아니다 · 53
꼭 있어야 하는 사람, 없어도 되는 사람 · 59
이스텔시스템즈를 택하다 · 65

❷ 성공하는 기업은 이것이 다르다
깨어있고, 공부하고, 일하고 · 79
4가지 문제에는 4가지 해법이 있다 · 87
월급은 사장이 아닌 고객이 주는 것 · 96
혁신에 시기가 따로 있겠는가 · 105
'훈화' 하지 말고 '대화' 하라 · 114
성공하려면 그들처럼 · 127

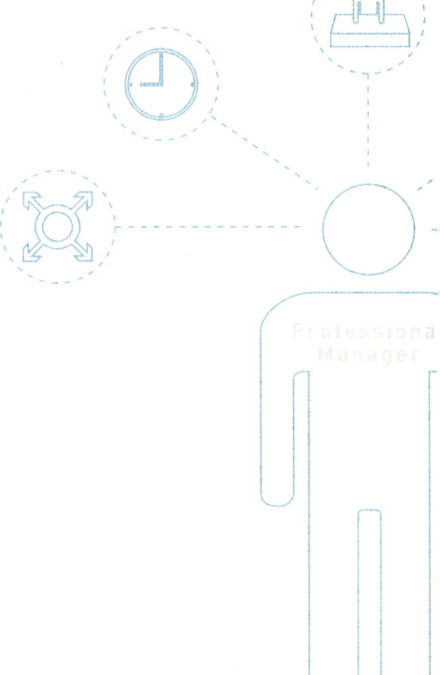

❸ 새로운 도전, 동원시스템즈

내 능력을 필요로 하는 곳에서 · 139
9회말 구원투수로 나서다 · 146
특별한 선물 · 158
리더는 삿대와 같아야 한다 · 176
생살을 도려내는 아픔을 겪으며 · 185
탄탄한 기업문화가 필요하다 · 192
작지만 강한 회사 · 204
휴일에도 회사 주차장에는 · 212
가슴 벅찬 4년의 성과 · 222

❹ 21세기의 전문경영인에게

왜 일을 해야 하는가 · 233
'당신의 위기'가 아닌 '우리의 위기' · 236
열정 없이는 혁신도 없다 · 240
자기계발에는 끝이 없다 · 244
스스로를 동기부여하라 · 247
권위를 갖되, 권위주의자는 되지 말라 · 254
21세기 리더십론 · 257

나는 전문경영인이다

당신들은 한국전기초자의 주식을 50%에서
한 주 더 가진 투자자라는 것 외에 아무것도 아니다.
당신들의 제안을 받아들일 마음이 털끝만큼도 없다.
왜냐고? 나는 전문경영인이니까!

> 전문경영인의 의무를 가지고도 월급사장으로밖에 존재하지 않는다면,
> 그는 그 기업에 꼭 필요한 사람이 아니라 없어도 되는 사람이다.

전문경영인과 월급사장
나는 왜 한국전기초자를 떠났는가

　내 직업은 '사장'이다.
　직업이 사장이라니? 국어사전에서는 사장을 '회사의 우두머리'라고 풀이하고 있다. 그렇다면 사장은 회사라는 조직 내에서의 직위를 나타내는 말일진대, 그 사장을 직업으로 갖고 있다는 것은 또 무슨 소리인가?
　1997년 말에 나는 한국전기초자 주식회사의 사장으로 취임하여 2001년 7월까지 근무했고, 2002년 초에는 이스텔시스템즈(현재 동원시스템즈)라는 회사에 역시 사장으로 들어와서 지금까지 4년 넘게 봉직하고 있다. 내가 역임했거나 현재 몸담고 있는 회사에 나는 주식지분이 하나도 없음에도 불구하고 두 회사에서 다 사장으로 일해왔으니, '사장이 내 직업'이라 한들 틀린 표현은 아니지 않은가!

★ ★ ★

　삼팔선이니 사오정이니 하는 유행어가 말해주듯, 젊은 나이에 직장을 그만둔(자의든 타의든) 사람들이 늘어나고 있다. 이들이 창업바람을 일으키면서, 길거리에서 "사장님!" 하고 부르면 열에 다섯은 돌아본다는 게 요즘의 세태다. 가히 '사장 인플레이션'이라 아니 할 수 없다.

　세상에 변하지 않는 것은 없다지만 '사장'이라는 말이 풍기는 인식이나 역할 역시 변천을 거듭해 왔다. 기름 바른 머리, 넉넉한(배가 나와 불룩한) 체구, 회전의자, 자가용 승용차…… 1960~70년대에 사장을 연상시키는 외형적인 코드는 이런 것들이었다.

　물론 당시 사장이라면 당연히 누릴 수 있었던 가부장적 권위는, 적어도 회사 내에서는 무소불위(無所不爲)였다. '열린경영'이니 '공정경쟁'이니 따위의 어휘 자체가 존재하지도 않은 환경이었기 때문에, 바깥사람들에게 사장들의 경영행태가 곱게만 비칠 리 없었다.

　1970년대 중반에 스포츠신문에 연재되어 인기를 끌었던 작가 김용성의 풍자희극 소설 「리빠똥 사장」의 제목만 봐도 알 수 있듯이(리빠똥을 '리파똥'으로 바꾼 다음 거꾸로 읽어보라), 그 시기의 사장들을 천민자본주의의 상징으로 보는 시각도 적지 않았다. 물론 어느 정도는 부러움이 섞인 질시였을 수도 있겠지만.

　한편, 창업주나 제1대주주가 2선으로 물러나면서 자신들을 대신해 회사를 경영할 사람을 뽑아 대표자리에 앉혀놓기도 했는데, 그 사람이 바로 고용사장이다. '소유와 경영의 분리'라는 근사한 명분을 내세우긴 했지만, 이 고용사장은 대체로 창업주와 인척관계에 있는 사람이거나 아니면 그 회사에서 잔뼈가 굵은 사람 중에서 발탁되었다. 어떤 임원이 사장으로 발탁되었다는 것은, 속되게 표현하자면 창업주에게 눈도장이 잘 찍혀서 충성심을 인정받았다는 얘기다. 그러니 이러한 고용사장에게 '경영철학'을 기대할 수는 없다.

신세를 졌으면 갚아야 하지 않겠는가. 창업주나 대주주의 이익을 위해서라면 종업원들의 인건비는 최대한 절감(착취?)해야 하고, 나라에는 최소한의 세금만 내도록 절세(포탈?)의 지혜를 짜내야 하며, 무엇보다 금융 활용에 탁월한 능력을 발휘(사기대출?)해야 할 뿐 아니라, 대외 신용가치를 극대화하는 일(장부조작?)에 총대를 메야 하는 것이다. 그것이 고용사장의 사명이고 한계이자 운명이기까지 하다. 어쩌다 대폿집에서 누군가 그에게 정도경영(正道經營)이나 경영혁신 따위의 충고라도 할라치면 그는 이렇게 푸념한다.

"월급사장이 무슨 힘이 있어야지."

요즘도 이런 자조적인 푸념을 늘어놓는 사장을 만나기는 어렵지 않다. 여기서 용어 하나를 정리하고 넘어가자. 내가 앞에서 부정적인 사례로 든 그 사장도 고용사장이고, 나 역시 창업주 혹은 대주주에 의해 고용되었으니 고용사장이다. 뿐만 아니라 매달 월급을 받아서 생활하고 있으니 나 또한 월급사장이기도 하다. 그러나 나는 적어도 '월급사장이 무슨 힘이 있어야지'라고 푸념하는 그런 월급사장은 아니다.

같은 월급을 받으면서도 창업주나 제1대주주뿐 아니라 소액주주의 이익도 생각하고, 고객에게는 값싸고 품질 좋은 제품을 공급하기 위해 최선을 다하며, 종업원들의 고용안정과 복지를 중시함은 물론, 기업의 국가·사회적인 사명과 역할을 다하기 위해 나름의 비전과 철학을 가지고 책임경영을 하는 사장도 있을 수 있지 않은가? 나는 이런 월급사장을, 부정적인 의미의 월급사장과 구분하기 위해 별도로 '전문경영인'이라고 부른다. 그리고 이렇게 얘기한다.
　"나는 월급사장이 아니라 전문경영인이다!"

　한국전기초자는 내가 전문경영인으로서의 수업을 제대로 받을 수 있도록 기회를 제공해 준 고마운 회사였다. 경영부실에다 77일에 걸친 장기간의 파업으로 도산 직전에 있던 그 회사를 대우그룹에서 인수한 때가 1997년 12월이었다.
　대개 기업집단에 속하는 회사들은 '그룹'이라는 우산 속에서 자금이나 인력 및 기술 지원을 받으며 생존해 나간다. 그런데 대우에서 경영에 참여하자마자 IMF 구제금융 사태가 터져버렸다. 아예 출발부터 그룹의 지원을 전혀 기대할 수 없는 상황이 돼버렸으니 독자적인 생존방식을 찾아나갈 수밖에 없었고, 차라리 그 혹독한 환경이 내게 전문경영인으로서의 능력을 발휘할 수 있도록 해준 것이다.
　사람들이 그 성과를 놓고 '기적'이라고 부르는 한국전기초자에서의 3년 8개월은 내 삶에서 가장 모진 시련이었을 뿐 아니라 또한 가장 역동적인 도전의 시간이기도 했다.

부채비율 1,114%. 1997년 당시 한국전기초자의 한 해 매출은 2,377억 원인데 차입금은 3,480억 원이었다. 거기에 외상으로 들여온 물건의 미지급금이 1,200억 원 있었고, 3년 동안 따로 갚아야 할 리스료도 1억 달러(1,400억 원) 정도 있었다. 그러니 총 부채가 6,000억 원이 넘는 수준이었다. 세계적으로 유명한 경영진단회사인 미국의 B컨설팅회사가 6개월간의 진단 끝에 '회생불가능'이라는 사망진단을 내린 상태였다.

그런 회사를 나는 3년 만에 연간 매출 7,104억 원에 순이익 1,717억 원으로 끌어올렸으며, 차입금 없는 회사로 만들었다. 한국전기초자는 우리나라 700여 개의 상장법인 중 영업이익률 1위의 회사로 성장했다. 영업이익률 면에서 선두자리를 차지하는 화장품, 제약, 음료, 주류 회사가 20% 전후의 영업이익률을 낼 때 한국전기초자는 35.35%의 영업이익률을 기록했으며, 2000년 말에는 법인세만 750억 원을 냈다. 3년 전 '회생불가능'이라는 사형선고를 받았던 회사가 기적같이 살아나, 이토록 놀라운 성과를 거둔 것이다. 사람들은 이러한 급성장을 믿기지 않아했으며, '기적'이라 불렀다.

1999년, 한국전기초자의 주식을 가장 많이 보유하고 있던 대우그

룹의 오리온전기와 대우전자가 일본 아사히글라스사에 주식을 팔기로 결정하면서 한국전기초자라는 회사의 위상에 변화가 생긴다. 아사히글라스는 그해 12월 한국전기초자의 지분 '50%+1주'를 인수함으로써 새로운 지배주주가 되었다.

사실 내가 한국전기초자의 경영혁신을 추진했던 1997~99년, TV와 컴퓨터 모니터용 브라운관 유리를 생산하는 전세계의 모든 업체들은 고전을 면치 못하고 있었다. 그런데 다 쓰러져가던 회사가 98년에 회생하더니 99년에는 경이적인 흑자를 기록하자, 아사히 측으로서는 그 우량기업이 우선 탐났던 것이다.

아사히가 한국전기초자를 인수하려고 했던 또 다른 이유에는 동종업계 세계1위가 되겠다는 야심이 숨어 있었다. 당시까지만 해도 NEG가 시장점유율 1위였는데, 10%의 시장점유율을 기록하고 있던 한국전기초자를 인수하게 되면 아사히글라스가 1위로 올라설 수 있었던 것이다.

아사히글라스가 한국전기초자의 새로운 대주주로 등장하게 되자, 1997년 12월에 3년 임기로 사장에 취임했던 나는 거취문제로 고민하지 않을 수 없었다.

지난 2년여 동안 모든 임직원이 하나가 되어 그야말로 가죽을 벗기우는 고통을 감내하며 추진해 온 혁신과 구조조정이 이제 성공을 거두어 초우량회사가 된 것은 사실이었다. 그러나 나는 한국전기초자가 세계1위의 경쟁력을 지속시켜 나가려면 보다 확실하게 뿌리를 내려야 한다고 믿었고, 아직 내가 할 일이 남아 있다고 생각했다.

'내가 할 일' 중에는 새로운 차세대 제품의 개발을 위한 도전도 포함되어 있었다.

"서두칠 사장이 한국전기초자의 경영책임을 계속 맡아준다는 조건이 전제돼야 회사를 인수하겠다."

아사히글라스 측은 예상보다 강력하게 나의 사장 유임을 희망했다. 나는 그들의 의도를 알고 있었다. 동종업계가 극심한 불황에 허덕이던 시기에 기적 같은 경영성과를 일궈낸 장본인이 사장자리에서 물러난다면 지금과 같은 성과가 지속된다는 보장이 없다고 여긴 것이다.

나는 아사히의 권유를 받아들이면서 한 가지 다짐을 받았다.

"내가 이 회사를 경영하는 동안 절대로 경영간섭을 하지 말아주십시오. 한국전기초자는 한국전기초자식의 경영을 할 것이고, 그 책임은 내가 지겠습니다. 약속할 수 있습니까?"

"좋습니다! 약속하겠습니다."

이렇게 해서 나는 한국전기초자에 남았다. 2000년 말까지가 공식적인 잔여 임기였는데, 잔여 임기만 채우고 대우로 돌아가버릴 것을 염려한 아사히글라스 측의 요구 때문에, 나는 일단 사표를 낸 다음에 곧바로 열린 주주총회에서 3년 임기의 새로운 대표이사로 다시 선출되는 과정을 밟은 것이다. 새로이 사장으로 취임하면서 나는 생각했다.

'저들이 서두칠의 전문경영인으로서의 능력을 평가한 것이다.'

★ ★ ★

　서기 2000년이 되었다. 사람들은 21세기의 원년을 맞이했다는 설렘으로 모두 들떠 있었지만, 브라운관 유리를 생산하는 업계는 세계 시장상황이 좋지 않아 불안한 새해를 맞이하고 있었다.

　당시 브라운관 유리를 사용하는 TV와 PC 모니터의 가격은 점점 하락하는 추세였다. 그때 막 보급되기 시작한 초박막액정(TFT-LCD)이 빠른 속도로 시장을 잠식하고 있었고, 경기침체로 인해 전체 수요도 감소하고 있었다. 따라서 브라운관 유리의 수요는 전세계적으로 크게 줄어들었다.

　뿐만 아니었다. 가전사들이 서로 경쟁적으로 완제품 가격을 내리고 있었기 때문에, 가장 비싼 부품이었던 브라운관 유리의 가격을 낮출 수밖에 없었고, 당연히 한국전기초자를 비롯한 브라운관 유리 생산업체에 가격인하를 요구해 왔다.

　브라운관 유리 생산업체들로서는 참으로 난감한 상황이었다. 똑같은 과정을 거쳐 만들어온 제품의 공급가격을 갑자기 낮춘다면, 아무리 우량회사라 하더라도 그 출혈을 감당하기가 쉽지 않은 일이었기 때문이다.

　그런데 한국전기초자만은 값이 계속 떨어진다 해도 큰 문제가 되지 않았다. 우리는 다른 어떤 회사와 비교하더라도, 특히 가격경쟁력에 있어서만은 절대적인 우위를 확보하고 있었다. 내가 부임한 뒤 다 함께 만들어낸 기업문화가 그것을 가능하게 했다.

사실 모래를 끓여서 브라운관 유리를 만드는 일은 무엇보다 각별한 정성을 필요로 한다. 아무리 고급한 기술을 가지고 있다 해도 생산에 임하는 직원들의 정성 없이는 원하는 제품을 원하는 만큼 성공적으로 만들어낼 수 없는 것이다.

브라운관 유리는 모래를 1,600도의 열로 가열해 녹여서 만든다. 유리물을 만들기 위해 모래를 가열하면 모래가 끓기 시작하면서 기포가 생기는데, 그것이 유리 표면에 남아 있거나 공기중의 먼지가 달라붙기라도 하면 그 제품은 100% 불량이 된다. 그래서 공장은 그 높은 온도에도 불구하고 창문을 열어놓을 수가 없다. 특히 2~4월에 불어오는 황사는 눈에 안 보이는 흙먼지를 품고 있으므로, 이때에는 공장을 철저히 외부공기로부터 차단해야 한다. 그러니 얼마나 답답하고 힘들겠는가?

이렇듯 브라운관 유리를 만드는 일은 아주 까다로운 작업환경을 필요로 하는데, 그러한 환경을 조성하기 위해서는 회사나 임원들의 노력만으로는 부족하다. 구성원 전체의 노력이 필요하고, 그래야만 생산수율이 높아진다.

생산수율이란 만든 제품 중에서 불량품을 제외한 완성품이 차지하는 비율을 말하는데, 2000년 당시 한국전기초자는 이 부문에서 단연 세계1위였다. 그것도 다른 회사에서는 꿈도 꾸지 못할 근무체제, 즉 2시간 일하고 10분간 쉬는 시스템으로 그러한 성과를 거두고 있었다. 1시간 일하고 30분 쉬던 이전의 시스템에 비하면 굉장한 노동강도와 집중력을 쏟아부어야만 가능한 일이었다.

모두가 인간으로서는 불가능하다고 고개를 내저은 그러한 조건 속에서도 한국전기초자 사람들은 해냈고, 그 원동력은 바로 전사원의 마음에 있었다. 다른 사람들이 아니라 직접 생산에 종사하는 사원들이 생산성을 높이는 데 앞장섰기 때문에 가장 강한 경쟁력을 갖출 수 있었던 것이다.

아사히글라스 사람들이 처음으로 한국전기초자 공장을 방문했을 때 맨 처음 한 말이 "유리공장이 이렇게 깨끗할 수 있다니 놀랍다"였다. 그 깨끗한 환경과 직원들의 일에 대한 사랑과 정성이 곧 생산수율로 나타났고, 그것이 결국 세계 어떤 회사와 경쟁하더라도 우위를 점할 수 있는 가격경쟁력이 된 것이다.

한국전기초자가 우수한 경쟁력을 확보하고 있었던 것은 제품의 질적인 면뿐만이 아니었다. 우리는 생산량 면에서도 선두자리를 지키고 있었다. 그것은 단연 더 많이, 더 열심히 일하는 문화가 만들어낸 산물이었다.

따라서 우리의 고객인 가전사들의 가격인하 요구가 한국전기초자에는 별 문제가 되지 않았다. 오히려 시장에서 우위를 차지할 수 있는 좋은 기회였다. 우리는 가전사가 요구하기 전부터 계속 가격경쟁 전략을 써왔으며, 2000년에는 기존 가격 대비 10%를 깎아주겠다고 약속하기도 했다. 가격을 그렇게 인하해도 될 만큼 생산성에 자신이 있었기에 가능한 일이었다. 한국전기초자의 제품은 품질과 서비스가 좋으면서도 값이 쌌기 때문에 당시 10개 나라에서 우리 제품을 구매하고 있었다.

★ ★ ★

　나로서는 시장상황이 좋지 않을 때 오히려 강력한 무기가 될 수 있는 가격경쟁력을 최대한 이용하고 싶었다. 경기침체로 인해 TV와 컴퓨터 모니터용 브라운관 유리 수요가 줄어들고, TFT-LCD가 모니터 유리 시장을 잠식해 오는 상황이었다. 그전까지는 브라운관 모니터의 5배 정도였던 LCD 모니터 가격이 2배까지 떨어지는 현실에서, 내가 택할 수 있는 전략은 가격을 낮추어 매출을 늘리는 가격경쟁 전략일 수밖에 없었다. 대규모 장치산업인 유리제조업의 경우 대량으로 생산할수록 제품의 원가도 낮아지므로 수익성을 그대로 유지할 수 있다고 판단했던 것이다.
　2000년 1/4분기중에 아사히글라스그룹의 영업본부장이 영업담당 직원을 대동하고 현해탄을 건너 구미로 날아왔다. 그들은 비교적 겸손하고도 조심스럽게 자신들의 우려를 표명했다.
　"우리 그룹은 한국전기초자 외에도 같은 제품을 생산하는 8개의 유리회사를 가지고 있지만, 이 제품의 수요는 어차피 줄어들게 돼 있습니다. 한국전기초자가 가격경쟁력을 무기로 공격경영을 하고 있는데, 그룹의 다른 회사들은 상관없이 한국전기초자 혼자만 살겠다고 해서야 되겠습니까? 그래서 얘긴데, 한국전기초자를 포함해서 우리 아사히글라스그룹의 9개 회사가 공동작전으로 일정한 물량을 서로 나누어갖는 방식으로 협조를 해야 되지 않겠습니까?"
　그들의 목소리는 차분하고 태도는 겸손했으나 나에게 전하고자 하는 메시지는 분명했다. 아사히글라스그룹의 전체 회사가 생산물량을 줄여서 기존의 가격을 그대로 유지하자는 것이었다. 나도 그들만큼 겸손한 자세로, 그러나 분명하게 말했다.

"내 생각은 다릅니다. 개별 회사가 저마다 독자성을 띠는 게 옳다고 생각합니다. 또한 전체 세계시장을 놓고 볼 때 아사히글라스그룹의 9개 회사만 제품을 공급하는 건 아니지 않습니까? 우리가 공급물량을 줄인다고 해서 다른 회사들도 같이 줄인다는 보장이 없는데, 우리가 줄인 물량을 그들이 차지해 버리면 아무 소용 없는 일 아닙니까? 그리고 설령 생산량을 조절해서 기존 가격을 일시 유지하는 데 성공한다 해도 그건 장기적인 처방이 되지 못합니다."

내 답변을 그들이 어떻게 받아들였는지는 알 수 없으나 그들은 일단 일본으로 돌아갔다.

나는 가격경쟁력을 무기로 위기를 돌파할 뿐 아니라 오히려 성장의 기회로 삼고자 했는데, 그들은 가격을 유지하기 위해 생산량을 줄이는 '가격유지 전략'을 펼치고자 했다. 그들은 한국전기초자가 일단 가격을 낮추면 다른 업체들도 따라서 내릴 것이므로, 경쟁력이 있는 한국전기초자는 수익을 올릴 수 있을지 몰라도, 결국 아사히글라스그룹 전체를 놓고 보면 수익성이 악화된다고 판단한 것이다.

게다가 세계 8개국에 9개의 공장을 둔 아사히글라스로서는, 한국전기초자보다 가격경쟁력이 떨어지는 다른 공장들을 고려해야만 했을 것이다. 특히 일본과 대만에 있던 유리회사가 우리의 가격경쟁 전략 때문에 큰 타격을 받았다고 한다. 이러한 현실 때문에 그들은 우리에게 생산량을 줄이라는 요구를 해온 것이다.

사실 10% 가격인하는 한국전기초자를 제외하고는 감당하기 어려운 것이었다. 생산성에서 현격한 차이가 나기 때문에, 당시 우리와 같은 가격으로 제품을 공급한다는 것은 다른 회사의 입장에서는 거의 불가능한 일이었다. 10% 인하된 가격으로 공급한다면 손해를 감수해야만 하는 상황이었던 것이다.

업계의 이런 상황 때문에 나의 가격경쟁 전략을 지나친 공격경영으로 보는 부정적인 시각도 물론 있었다. 하지만 나는 공격경영이 필요할 때는 과감하게 선택해야 한다고 생각했다. 그것이 CEO의 역할이고 능력 아니겠는가?

두어 달이 지난 후, 아사히글라스그룹의 영업본부장을 비롯한 임원들이 또다시 구미로 왔다. 이번에는 아예 나를 설복시키고야 말겠다고 작심한 듯, 세계시장의 흐름을 꼼꼼하게 분석한 도표까지 만들어가지고 와서, 나와 한국전기초자 간부들을 상대로 수시간 동안이나 브리핑을 했다. 그러고 나서 내 응답을 기다렸다. 그러나 내 대답은 간단했다.

"한국전기초자는 독자적인 경쟁력을 계속 키워나가야 합니다. 그룹 차원에서 생산량을 줄이는 소극적인 방식으로 가격을 유지하자는 전략에 나는 찬성할 수 없습니다."

그러나 아사히글라스그룹이 내게 그런 제안을 해온 배경을 전혀 이해할 수 없는 것은 아니었다. 가격인하라는 공격경영은 오랜 기간 그것을 준비해 오지 못한 기업으로서는 상당히 부담스러운 전략이기 때문에, 아사히글라스로서는 감산정책을 강요할 수밖에 없었을 것이다. 자사 계열의 다른 회사들이 고객중심의 가격인하를 감행할 여건을 조성해 놓지 못한 상황이었던 것이다.

하지만 구조조정에 성공한 한국전기초자로서는 시장이 아무리 위축됐다고 해도 생산량을 줄일 이유가 전혀 없었고, 오히려 가격인하를 통해 경쟁력을 향상시킬 수 있는 상황이었기 때문에 아사히글라스의 요구를 또한 받아들일 수 없었던 것이다. 무엇보다 그들이 당초 약속과는 달리 경영간섭을 해오는 것이 큰 문제였다.

2000년도 여름으로 접어들었다. 이번에는 그룹 측에서 나에게 도쿄 본사로 오라고 요구했다. 나는 기왕 아사히글라스 본사에 가는 김에 장차 내가 추진하려고 계획하고 있던 TFT-LCD 공장을 둘러보고 와야겠다고 생각하고 기술담당 임원과 함께 떠났다.

아사히글라스의 사장은 공장을 둘러보도록 배려해 주고, 회장이 특별히 식사초대를 해서 후하게 대접하는 등 이전과는 달리 많이 유순해진 모습이었다. 그러나 끝내 TFT-LCD 공장 견학을 허용하지는 않았다. 나는 한국전기초자의 미래를 위해서 차세대 제품인 TFT-LCD 생산시설을 반드시 갖추어야 한다고 믿었으나(아사히글라스에 인수되기 전에 이미 구미에 공장부지까지 마련해 둔 상황이었다) 아사히글라스그룹에서는 한국전기초자의 그러한 계획 자체에 대해 절대반대 입장을 견지하고 있었다.

　어쨌든 그들이 나를 도쿄로 초대했던 목적은 '저 고집쟁이 서두칠을 기분을 맞춰줘 가면서 잘 구슬려서 그룹의 방침에 따르도록 회유해 보자'는 것이었다. 그러나 나는 회유당하지 않았다.

★　★　★

　2000년 8월, 그룹에서는 나더러 다시 도쿄로 오라고 했다. 나는 그들이 몹시 초조해하고 있구나, 생각했다. 이번에는 무슨 수를 쓰든 TFT-LCD 공장을 둘러보고 올 요량이었다. 도쿄 본사에서 그룹의 영업본부장과 마주앉았다.

　"이제 선택의 여지가 없는 것 같습니다. 그룹의 모든 회사가 공동운명체라는 자세로 제품 감산에 임해야 합니다."

　본부장의 노골적인 압력에 핏발이 섰으나 나는 우선 아사히글라스의 TFT-LCD 공장 견학을 강력하게 요구했다. 결국 내 요구가 받아들여졌다. 그룹의 기술연구소가 나와 한국에서 같이 간 전무를 식사에 초대한 다음 공장을 견학시켜 준 것이다. 그렇다고 한국전기초자에 TFT-LCD의 독자적인 기술개발과 생산을 허용하지 않는다는 그들의 방침이 변한 것은 아니었다.

　내가 참석한 가운데 아사히글라스그룹의 공식 영업대책회의가 열렸다. 이제 그들은 보다 노골적이고 구체적으로 한국전기초자의 경영에 간섭하겠다는 뜻을 피력했다.

"앞으로는 그룹 차원에서 전세계에 흩어져 있는 회사들의 영업을 총괄하겠습니다. 한국전기초자를 비롯한 각 회사들은 그룹으로부터 배정받은 물량만큼만 생산해서 납품하면 됩니다. 영업은 그룹 본부에서 관할하겠습니다. 대신 한국 내에서의 영업은 독자성을 보장하겠습니다."

이제 그들의 속내가 거의 다 드러난 셈이었다. 나도 의사를 분명히 할 필요가 있었다.

"그룹으로부터 배정받은 물량만 만들어서 납품하라고요? 그러면 한국전기초자의 독자경영을 보장하겠다는 약속은 어떻게 되는 겁니까? 한국전기초자는 아사히글라스의 단순한 한국 내 생산기지로 전락하고, 나는 경영자가 아닌 공장장 역할에 만족하라는 얘긴데, 결코 수용할 수 없습니다!"

한국 내에서의 영업은 독자적으로 하라는 제안도 얕은 수였다. 삼성, LG, 오리온전기 등 국내의 대표적인 가전업체들이 해외 공장의 생산량을 늘려가고 있었기 때문에 국내 수요는 줄어들 수밖에 없었다. 그럴수록 전세계로 공급량을 늘려나가야 하는데 그룹에서 생산량을 줄여 배당하면 인원감축은 불을 보듯 뻔한 노릇 아니겠는가?

나는 아사히글라스 경영진에게 그들의 제안을 받아들일 수 없는 이유와 내 의지를 분명히 전했다. 그리고 대신 원가경쟁력을 바탕으로 아사히글라스그룹 전체를 '구조조정'하는 안을 내놓았다. 잘하는 놈은 키우고 못하는 놈은 문을 닫아 그룹 전체의 파이를 키우자는 뜻이었다. 하지만 그들 역시 내 제안을 받아들이지 않았다.

해운대에서의 담판
나에게는 버릴 수 없는 신념이 있었다

 내가 아사히글라스 측의 요구를 받아들일 수 없었던 첫째 이유는, 그들의 요구가 내 신념인 고객만족 정신에 어긋나는 것이었기 때문이다. 당시 일반고객들은 좀더 값싼 텔레비전과 모니터를 원했다. 그 요구를 충족시키기 위해서는 텔레비전과 모니터를 만드는 가전회사가 그에 맞는 경영을 해야 하고, 여기에는 핵심부품인 브라운관 유리를 만드는 회사 역시 중요한 역할을 해야 한다고 생각했다. 나는 그 생각을 실천에 옮기고 싶었다.

 진심으로 고객의 입장에 서서 고객이 내 물건을 구입할 것인가를 따져봐야 한다. 그러니 좋은 제품을 더 싼 가격으로 내놓을 수 있다면, 그리하여 고객만족이라는 기본원칙을 지킬 수 있다면 그것을 하지 않을 이유는 없는 것이다.

내가 아사히글라스 측의 요구를 받아들일 수 없었던 두 번째 이유는, 지배주주만을 위한 경영을 해서는 안 된다고 생각했기 때문이다. 그때까지 한국전기초자는 독자적으로 아주 훌륭한 생산 및 경영을 해오고 있었다. 전문경영인 입장에서 보면, 아사히글라스는 50%의 지분을 보유한 대주주일 뿐이었다. 한국전기초자의 경영을 맡고 있는 나에게는 또 다른 50%를 차지하는 나머지 주주들도 만족시켜야 할 의무가 있었다.

주주만족은 결국 많은 이익을 배당함으로써, 또 기업의 가치를 올림으로써 실현된다. 가격경쟁력을 갖춘 한국전기초자로서는 가격경쟁을 통해 더 많은 수익을 창출함으로써 주주와 고객에게 만족을 줄 수 있는데, 왜 그것을 포기해야 한단 말인가?

대주주의 이익을 위해 다른 주주들과 고객들을 외면할 수는 없었다. 전문경영인으로서 나는 대주주인 아사히글라스만이 아니라, 비록 소주주일지라도 다른 주주들까지 만족시켜야 하는 책임을 안고 있었기 때문이다. 아사히는 회사의 주인이 아니라 대주주였고, 주주 중 하나일 뿐이었다. 한국전기초자는 상장법인이며, 경영자는 모든 주주를 위해 기업가치를 높여야지, 지배주주의 이익만을 위해서 행동할 수는 없다는 것이 나의 경영철학이었다. 나는 아사히글라스 측의 요구에 따라 생산물량을 줄이면 회사의 수익성이 악화될 수밖에 없다고 생각했다.

또한 아사히글라스의 요구는 '내부고객 만족' 즉 '직원만족' 원칙에도 어긋났다. 그들의 요구는 결국 가격경쟁력을 갖지 말라는 것이었으며 그것은 곧 감산, 즉 생산을 줄이라는 의미였다. 생산을 줄이다 보면 자연히 일손이 남아돌게 되므로 직원들을 해고시킬 수밖에 없을 것이었다.

그동안 여러 회사를 경영하면서 내가 가장 하기 싫었던 것은 사원을 잘라내는 식의 인력 구조조정이었다. 내가 생각하는 진정한 구조조정은 사람을 '자르는' 것이 아니라, 세계 최고 수준의 경쟁력을 갖출 수 있는 경영시스템으로의 혁신이다.

하지만 아사히글라스그룹의 방침대로 대대적인 감산전략이 추진된다면 이는 곧 원가상승으로 이어지고, 그것은 가격경쟁력 약화와 생산성 하락으로 연결되어 결국 감원을 해야 하는 수순을 밟게 된다. 그렇게 되면 지난 3년간 휴가 한번 제대로 가지 못한 채 회사 정상화에 앞장선 사원들이 직접적인 피해를 입게 될 것이 명약관화한데, 내가 어찌 그 요구를 수용할 수 있었겠는가.

도쿄에서 돌아온 지 두어 달이 지난 후 또 연락이 왔다. '영업에 관한 건'으로 회의를 할 것이니 다시 도쿄 본사로 오라는 내용이었다. 이전에는 그룹 본사의 공장을 둘러보게 하겠다거나 그룹 임원들과 상견례를 하겠다는 등 경영간섭의 의도를 표면에 드러내지는 않았는데, 이제는 본사로의 호출 목적을 '영업에 관한 건'으로 못박은 것이다. 나는 못 가겠다고 말했다.

"도쿄 본사에 가봤자 같은 얘기가 되풀이될 것 아닙니까? 내 입장에 변화가 없는데 똑같은 얘기를 들으러 시간을 낭비하면서 거기까지 갈 수는 없습니다."

"그래도 오셔야 합니다."

"못 가겠습니다."

"본사 임원들이 모두 참여하는 중요한 회의이니 꼭 참석하셔야 합니다."

"그럼 좋소. 하지만 나도 바쁜 사람이니 도쿄까지 갔다 왔다 하는 건 곤란합니다. 후쿠오카쯤에서 만납시다. 도쿄에서 비행기로 한 시간 거리고 김해공항에서도 한 시간 거리 아닙니까?"

"알겠습니다. 그럼 후쿠오카를 회의장소로 정하겠습니다."

나는 회의장소를 정하는 문제로 잠시 신경전을 벌였으나 어쨌든 후쿠오카로 갔다. 본사 사장을 비롯한 임원들 대부분이 나와 있었다. 공항 인근의 호텔에서 함께 점심을 먹었다. 점심식사가 끝나자 사장만 남겨놓고 임원들이 모두 밖으로 나갔다. 두 사람이 얘기할 시간을 주기 위해 그렇게 하기로 약속을 한 모양이었다. 나와 단둘이 마주앉자 사장이 입을 열었다.

"내가 지금까지 유심히 살펴봤는데 서 사장님은 경영을 참 잘하십니다. 한국전기초자가 현재의 위치에 서기까지는 밤낮없이 일한 서 사장님의 노고가 매우 컸다고 생각합니다."

한참 입에 발린 칭찬을 하는가 싶더니 그가 이렇게 말했다.

"그런데, 한국전기초자에 파견나가 있는 일본인 회장의 월급보다

서 사장님의 월급이 적더군요. 서 사장님의 월급을 같은 수준으로 인상해 드리겠습니다."

이건 또 무슨 꼼수인가. 하지만 월급을 올려주겠다는데 화를 낼 수야 없지 않은가.

"감사합니다. 그러나 지금은 아닙니다. 그동안 경영혁신을 추진하는 과정에서 우리 종업원들의 노고가 무척 많았고, 임원들도 임금을 동결한 채 고생을 많이 했습니다. 하지만 2000년 말에 경영성과가 나오면 그때 인상해 주어도 늦지 않을 것입니다. 그러니 임금인상 문제는 내년에나 생각해 보지요."

나 개인의 임금을 인상해 줌으로써 호의를 나타내고 싶었던 사장은 어색한 웃음을 띤 채 밖으로 나갔고, 그가 나가자마자 기다렸다는 듯 영업총괄 본부장과 전무가 들어왔다. 잘 짜여진 각본대로 움직이는 듯했다. 그러나 나는 그들의 각본에 따를 수 없었으므로 다섯 시간에 걸친 회의는 내내 평행선을 달리고 있었다.

"우리 한국전기초자는 상장법인입니다. 당신들이 제1대주주이긴 하지만 경영을 책임맡고 있는 내 입장에서 보면, 당신들은 우리 회사 주식의 반을 가진 주주일 뿐입니다. 당신들도 투자자 아닙니까? 그러면 일본이나 다른 나라에 투자한 것보다 배당을 많이 받아서 이익을 많이 남기면 될 것입니다. 나는 전문경영인으로서 당신들 말고 나머지 50%의 주주에게도 중립적으로 다가가야 할 의무가 있다고 믿습니다. 아사히그룹의 감산전략으로 나머지 주주들을 손해보게 할 수는 없는 것 아닙니까?"

그러나 내가 그들에게 설득당할 가능성이 희박한 것처럼, 그들 역시 내 설명에 고개를 끄덕여줄 사람들이 아니었다. 후쿠오카의 1차 담판은 그렇게 끝이 났다.

★ ★ ★

2001년 3월, 또다시 후쿠오카에 협상테이블이 마련되었다. 그때 아사히글라스 측은 결정적인 제안을 들고 나왔다.

"일본 아사히글라스 본사의 영업팀을 한국전기초자에 파견하겠습니다. 그리고 전에도 말했듯이 전세계에 있는 아사히그룹 회사들의 영업을 우리가 관리하겠습니다."

그들은 영업팀을 한국에 파견하겠다는 방침을 굳혀놓고 나에게 '통보'를 하고 있었다. 그 말은 곧 한국전기초자의 영업권을 장악하겠다는 뜻이었다. 가격결정권과 생산량까지 좌지우지하겠다는 의도였다.

"말도 안 되는 소리입니다. 더 이상 얘기할 필요가 없을 것 같습니다. 내 거취를 생각해 보겠소."

가슴 밑바닥으로부터 불덩어리가 치올라오는 것 같았으나 내가 할 수 있는 일이 고작 자리를 박차고 나오는 것밖에 없다는 사실이 서글펐다.

그들은 이미 내가 자신들의 제안을 받아들이지 않으리라는 것을 알고 있었을 것이다. 그럼에도 불구하고 그들이 그렇듯 강수를 둔 것은, 내가 한국전기초자를 맡고 있는 한 자신들의 뜻대로 하기 어렵다는 계산 때문이었을 것이다. 이제 그들은 '뜨거운 감자'였던 나를 그만 뱉어내야겠다고 판단한 모양이었다.

그들은 '회담'이라고 부르지만 나는 '대전(大戰)'이라고 부르는 후쿠오카에서의 두 번의 미팅은 '기업' 혹은 '경영'에 대한 철학이 이렇게 다를 수도 있구나 하는 인식만을 서로에게 심어준 채 서서히 파국의 징후를 보이기 시작했다.

3개월 후, 후쿠오카에서 다시 한 번 만나자는 연락이 왔다. 나는 가지 않겠다고 했다. 결국 그들이 부산으로 왔다. 2001년 7월 6일, 해운대호텔이 미팅장소로 잡혔다. 나는 그것이 그들과의 마지막 회동이 될 것 같다는 생각이 들었다. 그날따라 비가 엄청나게 쏟아졌는데, 빗줄기가 어찌나 굵었는지 창밖으로 내다보이는 바다 위로 떨어지는 물방울이 어른 주먹만큼이나 커 보였다.

점심에 맥주를 곁들였다. 그 바람에 적당히 흥분이 되었다. 이번에는 사장은 빠지고 전무와 영업본부장 그리고 영업이사와 기획부장이 왔다. 이미 배수진을 친 그들이 마지막으로 내 의향을 물었다. 아사히글라스그룹 차원의 생산량 조절, 독자영업권 포기, 그룹 본부 영업팀의 한국전기초자 파견 따위의 조건을 받아들이고 계속 사장으로 일할 수 없겠느냐는 타진이었다. 나는 조금 흥분해서, 하지만 똑똑히 말해주었다.

"당신들은 주식을 50%에서 한 주 더 가진 투자자라는 것 외에 아무것도 아니오. 당신들의 제안을 받아들일 마음이 털끝만큼도 없소이다. 왜냐고? 나는 전문경영인이니까!"

호텔을 나왔다. 한국전기초자에서의 3년 8개월이라는 인연이 끝나던 날, 해운대의 바닷물에 쏟아져내리던 빗발이 왜 그리도 사나웠는지…….

한국전기초자 그후
문제는 비전이다

2001년 7월 15일자로 나는 한국전기초자를 떠나 모처럼 '백수'가 되었다. 한국전기초자의 혁신과정을 지켜봐온 친구들을 비롯한 지인들은 내가 사임했다는 얘기에 고개를 갸웃거렸다.

"나름대로 그만둬야 했던 이유가 분명히 있었겠지만, 아무리 그렇다 하더라도 그 고생을 해서 다 쓰러져가던 회사를 세상이 깜짝 놀랄 만큼 경쟁력 있는 회사로 만들어놓았는데, 이제 좀 쉬엄쉬엄 경영을 해보지 그랬어. 언덕길, 진창길 다 지나고 이제 편안한 아스팔트길이 펼쳐졌는데……."

나는 친구들의 그런 얘기에 즉답을 주지는 못할지라도 나 스스로에게는 마땅한 대답을 해주어야 한다고 생각했다. 전문경영인이 경영현장에 있어야 하는 유일하다시피 한 명분은 무엇일까?

그렇지! '비전', 그것이었다. 조직이든 개인이든 비전을 상실하고 나면 존재이유가 사라진다. 비전은 앞날에 자신이 어떤 모습이 될 것인지를 내다보는, 미래를 비춰주는 거울이다. 내가 한국전기초자를 떠난 이유는, 그러니까 비전이 없었기 때문이다.

★ ★ ★

지배주주인 아사히글라스가 한국전기초자에 대해 궁극적으로 요구한 것은, 먼저 독자경영권을 포기하라는 것이었고, 또 하나는 차세대 제품을 개발하지 말라는 것이었다. 그 요구에 따른다면 나는 경영권을 잃을 것이고, 차세대 제품을 개발할 수 없게 되므로 회사의 미래도 그릴 수 없다.

그들이 차세대 제품의 개발을 반대한 까닭을 짐작하는 건 어려운 일이 아니다. 기존 제품에서 한국전기초자의 경쟁력에 밀려 아사히의 다른 회사가 문을 닫고 기업 사정이 악화되었는데, 만일 한국전기초자가 TFT-LCD 시장에까지 진출하면 같은 상황이 되풀이될지도 모른다는 우려 때문이었을 것이다.

사양화되어 가는 기존 제품만을 붙들고 있으면서(그나마도 그룹 본부에 영업권을 박탈당한 채로) 회사의 미래가 달린 차세대 제품마저 개발할 수 없게 된다면 전문경영인으로서 회사의 비전을 어디에서 찾아야 한단 말인가. 비전을 분명하게 제시하지 못하는 CEO는 존재가치가 없다. 비전을 만들어낼 수 없는 회사에서 그저 자리만 차지하고 앉아 월급이나 축낸다면, 나에게 회사는 봉급수령처 이상의 아무 것도 아니다. 그것은 내 경영철학은 물론 기본적인 삶의 철학에도 어긋나는 것이다.

7월 15일자로 내가 사임할 때 몇몇 임원이 나와 함께 회사를 떠났다. 그것을 두고 어떤 사람들은 '행동을 같이했다'고 표현했다. 하지만 그건 잘못된 표현이라고 생각한다. 내가 사임을 결심한 이유는, 첫째 전문경영인이 될 수 없었기 때문이며, 둘째 비전이 없어지기 때문이었다. 함께 사표를 낸 그들도 그러한 현실을 받아들일 수 없었기 때문에, 즉 비전이 없는 회사에서는 열정을 가지고 있어봤자 그 열정을 미래지향적으로 풀어낼 수 없다는 인식을 같이했기 때문에 회사를 그만둔 것이지, 나와 행동을 같이하기 위해서 그랬던 것은 아니다. 나를 동정하거나 의리를 지킬 생각은 더욱 아니었을 것이다.

회사에 남은 임원들은 그 다음달로 한 직급씩 승진했다. 당시 그들은 비전보다 안일을 택했겠지만, 불과 2년이 채 지나기 전에 모두 자의와 상관없이 퇴출당했다.

해운대회담이 있고 이틀 후, 회사 안 교회에서 과장급 이상의 간부들을 불러 나의 사임소식을 알렸다. 평소 경영내용을 밝히듯 사임하는 이유까지 투명하게 밝힌 후, 나는 임진왜란을 상징적인 예로

들면서 이런 말을 했다.

"1592년 부산을 침공한 왜군은 불과 보름 만에 서울까지 치고 올라왔습니다. 조선인 안내자가 있었기 때문에 가능한 일이었습니다. 이 땅에 사는 조선인의 정확한 안내를 받았기 때문에 그처럼 빨리 서울에 입성할 수 있었던 것입니다. 참으로 안타까운 일입니다. 여러분, 그때의 그 불행한 모습을 우리가 보이면 안 됩니다. 우리나라가 아무리 외자의 유치를 필요로 한다고 해도, 그것은 어디까지나 외국 자본을 우리가 잘 활용하는 양상이어야 합니다. 외국인에 앞장서서 우리를 불리한 길로 인도하는 앞잡이 노릇을 해서는 안 된다는 말입니다."

내 불길한 예감은 그리 오래 지나지 않아 현실로 나타나기 시작했다. 매년 매출액과 이익이 줄어들더니 결국 2005년부터는 적자로 돌아섰다. 2005년 말에는 2000년 말 매출액의 절반도 못 미치는 3,323억 원의 매출에 787억 원의 순적자를 기록했다.

이런 결과에는 물론 여러 가지 이유가 있을 것이다. 그러나 나는 내가 있을 때 전직원이 함께 만들어놓은 문화가 내가 떠나면서 단절되어 버렸기 때문이라고 생각한다. 타율에 의해서가 아니라 스스로의 동기부여로 생산력을 높이는 '일을 사랑하는 문화', 잠재능력과 창의력을 발휘하게 하는 '공부하는 문화', 무엇보다 사람을 우선시하는 '인간존중 문화'가 다 신기루처럼 사라졌기 때문일 것이다.

조직을 맡을 때 내가 가장 중요하게 생각하는 것이 바로 조직의 문화다. 부모라고 해도 하루아침에 자식의 성격을 바꿀 수 없듯, 조직의 성격을 나타내는 문화 역시 하루아침에 만들어낼 수 없는 법이다. 따라서 기적에 가까운 성과를 일궈냈던 바로 그 '일하는 문화'는 내가 한국전기초자의 모든 구성원과 함께 3년 8개월 동안 현장에서 뒹굴며 조성해 놓은 것이었다. 그런데 그것이 순식간에 허물어져버리면서 기업 자체도 흔들리기 시작한 것이다. 무엇이든 만들기는 어려워도 허물기는 쉬운 법이다.

내가 사임하자 주가는 하한가로 곤두박질쳤고, 무엇보다 아사히 측에서 마지못해 약속했던 고용보장이 흔들리기 시작했다. 2004년에 80여 명, 2005년 상반기에는 380여 명, 하반기에는 300여 명의 사원이 직장을 잃었다. 제1공장을 비롯해 일부 설비의 가동을 중단할 수밖에 없게 되었고, 점차 인원을 더 줄일 수밖에 없는 지경에 이르렀다.

비전이 없는 회사였기 때문에 일거리가 줄어든 것이다. 그 어렵던 1997년에도 함께 살아남은 사원들이었다. 내가 재임하는 동안에는 스스로 원한 경우가 아니라면 단 한 명의 사원도 내보내지 않았다. 그러고도 멋지게 재기에 성공할 수 있었던 것은 인원을 감축하는 손쉽고도 '세속적인' 구조조정이 아닌, 생산력을 향상시키는 혁신적인 구조조정을 했기 때문이라고 나는 믿는다.

조정키를 잡은 아사히글라스의 의도대로, 얼마든지 세계로 뻗어

나갈 수 있었던 한국전기초자의 뿌리가 무참히 잘려나가는 것을 보면서, 나는 새삼 중요한 '진리' 하나를 배웠다. 바로 '외자에도 품질이 있다'는 것!

최대주주라고 해도 경영자에게 회사를 맡겼으면 그 실적을 놓고 책임을 물어야지, 성장하고 있는 회사의 발목을 잡는 경영권 침해를 해서는 안 된다. 따라서 외자를 평가할 때 이런 투자마인드가 없는 기업이 주는 돈이라면 아무리 아쉬워도 받으면 안 될 것이다. 고유한 경영권마저 흔들릴 수 있기 때문이다.

어쨌든 나는 아사히글라스 측과 밀고 당기는, 긴 터널과도 같은 씁쓸한 곡절을 겪은 끝에 한국전기초자와의 인연을 마감했다. 시한부 삶을 살고 있던 중환자에서 에너지가 넘치는 건장한 청년으로 탈바꿈한 한국전기초자를 사원들과 함께 계속 이끌어가지 못한 아쉬움을 뒤로하고, 공들여 사랑했던 애인을 부랑자에게 넘겨주고 돌아서는 사내처럼 그렇게……

세상에서 가장 바쁜 백수
백수생활 7개월, 그 색다른 보람

사실 '백수'라는 말은 얌전한 표현이 아니다. 국어사전에도 없는 이 말은 뒤에 '건달'이라는 단어가 받쳐줄 때에만 '한 푼 없는'을 나타내는, 그야말로 빈털터리 날건달을 일컬을 때 사용하는 말이었는데, 언제부턴가 실업자(失業者) 혹은 실업상태를 나타내는 말로 자리를 잡았다.

좋게 해석을 해보자. 백수(白手)는 빈손이니 손바닥을 편들 빠져나갈 게 없다. 새로운 것을 움켜쥐기에 가장 좋은 상태가 또한 백수 아닌가.

어쨌든 여기서는 이런 의미로 이 말(백수)을 쓰고자 하니 '뒷골목 어휘'를 끌어다 쓰는 취미가 있는 것으로 오해하지 말기 바란다.

직장생활을 시작한 지 36년 만에 처음으로 백수가 되었다. 나 자신에게 쉼표 같은 시간을 선물로 줄 수 있게 되었다는 사실이 나로 하여금 새로운 흥분을 느끼게 했다.

그러나 그 기분 좋은 흥분은 오래가지 못했다. 회사생활 못지않게 바쁜 일정이 날 기다리고 있었던 것이다. 늘 소망이기만 했던 여행을 이제는 정말 함께 갈 수 있으리라 굳게 믿고 있던 아내에게는 또다시 내일을 기약할 수밖에 없었지만, 나는 기꺼이 '바쁜 백수생활'을 즐겼다. 비록 달콤한 휴식은 아니었지만, 전에는 느껴보지 못한 또 다른 행복과 성취감을 맛볼 수 있었기 때문이다. 바로 강연활동을 통해서 얻게 되는 새로운 기쁨이 그것이었다.

사실, 한국전기초자에 있을 때부터 기업들로부터 강연을 해달라는 요청을 많이 받았다. 한국전기초자가 놀라운 변신에 성공했고, 그 이야기를 책으로 펴낸 『우리는 기적이라 말하지 않는다』가 경제분야 책으로서는 보기 드물게 베스트셀러 자리를 꿰차고 있었던 덕이다. 하지만 그때는 365일 일하던 때라, 워낙 시간이 없어 대부분 사양할 수밖에 없었다.

그런데 백수가 되자 여기저기서 강연요청이 쇄도했다. 오랫동안 달고 다니던 '사장'이라는 호칭을 반납하고 이제는 여유롭게 '서두칠 아저씨'라는 소박한 호칭을 익히려는데, 사람들이 그럴 틈을 주지 않았다. 그들은 내게 '연사(演士)'가 돼달라 했다. 싫지 않았다. 나도 모르는 '쓸모'가 아직 나에게 남아 있다는 증거 아니겠는가.

7월에 자유인이 되었는데 8월부터 시작해서 연말까지 수많은 기업을 대상으로 한 강연 스케줄이 빽빽하게 수첩을 메웠다.

★ ★ ★

　백수가 된 후 가장 먼저 강의요청을 해온 곳은 서울대학교였다. 이어서 많은 대학이 강의요청을 해왔다. 요즘 웬만한 대학에는 다 경영대학원이 개설되어 있는데, 그 속을 들여다보면 대학마다 천양지차가 난다. 어떤 대학의 경우는 인기가 좋아 재빨리 수강신청을 하지 않으면 강의를 들을 수 없고, 어떤 대학은 빈자리가 심심찮게 보인다.
　서울대를 시작으로 몇몇 다른 대학과도 인연을 맺게 되었는데, 그렇게 몇 년이 지나면서 잘되는 경영대학원과 잘 안 되는 경영대학원의 차이점이 눈에 들어왔다. 그것은 바로 대학 스스로 끊임없이 혁신을 하느냐 못하느냐 하는 것이었다.
　한 학기를 마치면 강의를 들은 사람들에게 교수들에 대한 교수평가서를 받는데, 잘되는 대학은 평가 결과 하위 30% 정도는 그 교수가 누구든 간에 가려내고 새로운 강사진으로 물갈이를 한다. 한마디로 스스로 혁신하는 대학이라 하겠다. 그런데 평가 결과가 나쁘게 나와도 그 대학의 교수이기 때문에 눈치를 보느라, 또는 다른 제도적인 문제 때문에 제대로 대처하지 못하는 대학도 있다. 그럴 경우 수강생이 점점 줄어든다. 혁신을 하지 못했기 때문에 고객인 학생들로부터 외면당하고 마는 것이다. 기업이나 학교나 고객을 만족시켜야 한다는 원칙은 똑같이 적용되는 것이다.

7개월 정도의 백수생활을 마감하고 다시 경영일선으로 돌아온 뒤로는 강의를 계속 하기가 쉽지 않았다. 하지만 한번 맺은 인연을 달지난 달력 떼어버리듯 잘라낼 수도 없는 노릇이라 한 학기, 한 학기 계속 연장이 되었다. 그러면서도 힘에 부쳐 늘 "이번만 하고 그만두겠다"고 다짐을 했다. 그래서 새 학기가 시작될 때마다 학교 측과 희한한 실랑이를 벌이곤 했다.

"서 사장님, 이번 학기에는 목요일입니다."

"무슨 소립니까? 지난 학기로 그만 한다고 했는데?"

"어쩔 수 없습니다. 이미 사장님 강의가 소개된 팸플릿을 돌렸습니다."

내가 난처해하면 담당자는 "일단 학교로 나와보시면 안다"면서 "죄송하지만 부탁드린다"는 말만 되풀이하곤 한다. 어쩔 수 없이 학교에 가보면 학교 측에서 내미는 근거는 바로 교수평가 결과였다.

"이렇게 교수평가에서 상위로 나오는데 어떻게 사장님 강의를 뺄 수 있겠습니까? 바쁘신 건 알지만 꼭 해주셔야 합니다."

시간을 생각하면 곤란하지만, 솔직히 기분은 좋은 일이었다. 그래서 또 은근슬쩍 허락하게 된다. 언제부턴가 '스타강사'라는 말이 유행하고 있는데, 나도 그야말로 스타강사 대열에 낀 모양이다. 게다가 스타강사의 수명은 길어야 3년이라는데 나는 신기하게도 여전히 초청을 받고 있다. 자랑삼아 하는 얘기가 아니라, 내가 말하고자 하는 핵심이 들어 있기 때문에 이 얘기를 꺼낸 것이다.

학교건 기업이건 기관이건, 나에게 자꾸 강연을 의뢰하는 이유는 바로 '혁신'에 있다. 나는 언제나 열심히 공부했고 스스로 혁신해 왔기 때문에 항상 새로운 이야기를 할 수 있었고 강의내용도 알차게 구성할 수 있었다. 그리고 그런 내 강의를 학생들이 좋아해준 것이다. 대학 입장에서는 수강자들의 요구에 들어맞는 강의를 하는 내가 계속 강의를 맡아주기를 원했던 것이라고 생각한다.

★ ★ ★

서울대학교와의 인연이 대학원 강의의 물꼬였다면 첫 TV강의는 SBS에서 이루어졌다.

SBS 윤세영 회장이 사업차 뉴욕에 갈 때, 내가 한국전기초자에 있을 때 쓴 『우리는 기적이라 말하지 않는다』를 가지고 갔다고 한다. 외국 출장을 갈 경우, 특히 장시간 비행을 해야 할 경우 누구나 책 한두 권을 가져가기 마련이다. 하지만 실제로는 대개 앞부분만 읽고 나머지는 한국으로 돌아와서 읽게 된다. 그런데 윤 회장은 그 책을 미국에 도착하기 전에 단숨에 다 읽었다고 한다.

그 인연으로 SBS 뉴스 테마기획과 〈월요특강〉이라는 프로그램에 나가게 되었다.

지금 다시 보면 많이 어설픈 강의인데도, 주변에서 힘이 느껴지고 머릿속으로 쏙쏙 들어오는 살아 있는 강의였다고 말해줘서 용기가 났다. 그 방송이 나가고 난 다음, EBS에서도 연락이 왔다.

그렇게 해서 두 번째 TV강연을 하게 되었다. 강연 제목은 '희망은 도처에 널려 있다'였는데, 마침 IMF시절이어서 희망과 용기를 줄 수 있는 강의를 하고자 노력했다. 그 강의 또한 힘이 느껴지는 강의였다는 평을 받았다.

이후 EBS에서 2002년에 두 번의 특강 프로그램이 만들어졌다. 그 외 MBN 방송의 대담 프로그램에도 출연했고, KBS 〈인물과 사건〉이라는 라디오 드라마를 통해서도 내 얘기가 극화되어 나갔다.

프로그램을 본 시청자들로부터 수많은 이메일이 오는 것을 보고 방송의 힘을 실감할 수 있었고, 또 색다른 보람도 느낄 수 있었던 좋은 경험이었다.

어쨌든 백수시절 7개월 동안 나는 "내가 세상에서 가장 바쁜 백수일 겁니다"라고 말하며 기꺼운 마음으로 강연을 하러 다녔다.

제조업은 사양산업이 아니다
하이테크산업 종사자들의 굴뚝산업 견학

1990년대 들어 기업이든 정부기관이든, 구성원들의 교육 차원에서 외부강사를 초빙해 강연을 하는 시스템이 자리를 잡았고, 그 효과도 검증되고 있는 실정이다. 나 역시 각 분야 전문가들의 강의를 통한 교육이 바람직하고 또 필요하다고 생각하며, 그 일을 내가 할 수 있다는 사실에 감사한다. 현장에서 쌓은 경험과 노하우를 더 많은 사람들에게 알리는 것이 즐거운 의무라는 사실을 나는 강연장에서 피부로 느낄 수 있었다.

사실 대기업이건 중소 벤처기업이건 CEO는 이제 그 기업의 주가를 평가하는 중요한 기준이 되었다. 'CEO주가'라는 게 미국에서는 이미 오래전부터 있어왔지만, 우리나라의 경우에는 내가 한국전기초자를 그만두었을 때 비로소 분명하게 현실로 나타났다고들 한다.

내가 한국전기초자에 부임하기 전, 액면가인 5,000원에도 못 미치는 3,800원이던 주식이 3년 후인 2001년에는 126,500원까지 올랐다. 시가 총액도 240억 원에 불과했으나, 내가 그만둘 때에는 무려 1조 원이었다. 하지만 내가 사직한다는 발표가 있은 후 며칠간 곧장 하한가로 떨어졌다. 반면, 내가 사장으로 취임하기로 한 이스텔시스템즈는 5일 동안 계속 상한가를 쳤다.

우리나라도 이제 CEO가 주가에 영향을 미칠 만큼 중요한 시대를 맞이하고 있는 것이다. 그런 상황적·시대적 배경에서, CEO로서의 내 경험들을 강의를 통해 전달함으로써 기업들에 미약하나마 힘이 되고 방향을 제시해 줄 수 있다면 그 또한 매우 가치 있는 일이라고 생각했고, 그러한 생각에 피곤함도 잊곤 했다.

물론 곧 다시 경영일선으로 돌아갈 생각이었지만, 한국식 경영혁신 모델을 전파할 수 있는 강연 역시 나름대로의 의미를 지닌 활동이라는 생각에 연말까지는 열심히 강연활동을 할 생각이었다.

★ ★ ★

강의를 하러 다니면서 경영일선에서는 미처 깨닫지 못했던 여러 가지 현실에 직면할 기회가 적지 않았다.

내 강의의 근간을 이루는 경영철학은 어디를 가든 같을 수밖에 없지만, 강연을 나간 기업의 규모나 성격에 따라 그때그때 강의내용이 달라지기 마련이었다.

그런데 수많은 강연을 하면서 공통적으로 느낀 점 중 하나가 제조업에 대한 잘못된 선입견이 강하게 뿌리내리고 있다는 것이었다. 몸담고 있는 회사가 제조업종이든 아니든 간에, 대부분의 사람들은 '제조업' 하면 굴뚝을 떠올리고, 힘든 3D업종인데다 시대에 맞지 않는, 즉 사양길에 접어든 산업으로 치부하는 경향이 있었다. 그러니 제조업이 갖는 중요성도 간과하고 거기서 이끌어낼 수 있는 창조적인 힘도 놓치고 있었다.

'첨단장비와 신기술을 도입해 무진동·무소음 공법으로 안전하게 해체해 드립니다.'

언젠가 목욕탕이나 공장 굴뚝을 전문적으로 해체하는 업체의 광고문구를 보면서 잠시 사념에 잠긴 적이 있다. 해체 도구를 수식하는 '첨단장비와 신기술'이라는 어휘와 해체 대상이 될 '굴뚝'이라는 고색창연한 어휘의 묘한 대조를 느끼면서 말이다.

이제 굴뚝은 연료의 변화와 산업구조의 변천으로 한시바삐 허물어내야 할 옛 시대의 유물처럼 돼버렸다. 1960~70년대, 중고등학교 교과서 표지에 M자형의 공장지붕 위로 굴뚝 연기가 뭉게뭉게 날리는 그림이 국가발전의 상징처럼 단골로 등장했던 기억을 떠올리면, 굴뚝을 철거하는 일을 생업으로 삼는 사람들이 등장했다는 사실에 격세지감을 금치 못하게 된다.

문제는 공장 지붕 위로 우뚝 솟은 그 굴뚝 자체가 아니라, 모든 제조업을 '굴뚝산업'이라는 말로 뭉뚱그려서 원시적인 사양산업쯤으로 간주하는 풍조다. 우선 경영자들부터 '지식기반의 첨단산업만이 살길'이라고 믿는 잘못된 인식을 털어내야 한다.

파산 직전의 회사를 맡아 3년 만에 동종업계 1위로 끌어올림으로써 한국적 경영모델을 만들어냈다는 평가와 '구조조정의 전도사'라는 이름표에 단단한 박음질을 하게 된 한국전기초자에서의 경험을 통해, 나는 제조업체에 대한 왜곡된 시각의 심각성과 올바른 진단의 필요성, 그리고 문제점을 체감할 수 있었다.

한국전기초자야말로 구미공단에서 굴뚝이 가장 많고 노동강도도 센, 사람들이 흔히 하는 얘기로 전형적인 '3D업종'이었다. 그럼에도 불구하고 나와 한국전기초자 가족들은 그 어떤 기업 못지않은 이익 창출을 이뤄냈으며, 동기부여에 필요한 스스로에 대한 만족감 역시 최상위였다고 자부한다.

제조업이라고 해서 노동에 대한 대가나 보람이 첨단산업에 비해 적다고 단정할 수는 없다. 문제는 재래의 제조업을 그야말로 재래식으로 바라보는, 경영자를 포함한 종사자들의 시각에 있다.

제조업을 어떻게 생각하고 어떤 식으로 운영해 나가느냐에 따라, 제조업의 가치는 천양지차를 보일 수밖에 없다. 제조업이라고 하면 사람들은 흔히 아주 쉽게 생각한다. 그러나 제조업이야말로 고부가가치 제품 개발을 위한 연구활동, 생산설비의 효율화, 노사관계의 선진화, 재무구조의 내실화 등 첨단의 발상과 두뇌혁명을 절실히 필요로 하는 업종이다. 그리고 그 성과가 비교적 정직하게 나타나는 분야가 또한 제조업이라고 나는 믿는다.

★ ★ ★

　2000년 봄, 중부지방의 젊은 벤처기업인 20여 명이 경영혁신 사례를 배우겠다고 한국전기초자를 찾아왔다. 이 일을 두고 언론과 주변 사람들이 '하이테크산업 종사자들의 굴뚝산업 견학' 운운하며 화제로 삼았다.
　제조업에 대한 대다수 사람들의 생각을 단적으로 보여주듯, 그 벤처기업인들이 던진 첫 번째 질문은 "공장 내부가 왜 이리 깨끗하냐"는 것이었다. 지엽적인 질문이었지만, 제조업에 대한 사회의 시각을 여실히 보여주는 것이었다. 그들은 나중에 한국전기초자 견학을 통해 자신들의 머릿속에 각인돼 있던 '제조업 생산현장은 당연히 지저분하다'는 인식부터 버리게 됐다고 입을 모았다. 얼마 뒤에는 한국전기초자 견학을 통해 기업경영에 관한 소중한 정보를 많이 얻었다는 감사의 편지도 보내왔다.
　차근차근 따지고 보면, 제조업이야말로 의욕적인 CEO가 자신의 경영철학을 현실에서 구현하기 위해 도전해 볼 만한 최적의 산업분야다. 제조업은 생산현장 사원, 중간관리자, 임원 등 인적 구성이 다양하고 도처에 혁신요소들이 즐비하기 때문이다. 제조업의 경우, CEO가 경쟁우위를 확보하는 데 중요한 기본 경영원칙, 즉 연구개발 집중력, 제품과 서비스 질, 고객만족, 관리의 효율성 확보 등 화려하지는 않지만 경영에 필수적인 요소들의 실천에 힘을 쏟으면 쏟을수록, 그 노력이 고스란히 경쟁력 향상으로 이어지기 마련이다.

그리고 제조업의 가치 가운데 절대로 간과되어서는 안 되는 것이 있다. 그것은 바로 실업문제가 심각한 현실에서 제조업의 고용을 통한 사회적 기여다. 내가 경영을 맡았던 한국전기초자의 경우 1,600명의 사원이 생계를 의탁하고 있었다. 다른 성과는 차치하더라도, IMF 구제금융 시기에도 그 많은 인원 중 단 한 사람도 정리해고하지 않고 안정적인 고용기반을 만들어주었다는 사실을 나는 무엇보다 큰 보람으로 여긴다.

제조업을 폄훼하는 사회적인 풍토는 반드시 사라져야 한다. 제조업 현장에서 땀흘려 생산해 낸 제품이 없다면, 요즘 첨단 유통산업으로 각광받고 있는 e-비즈니스 종사자들은 무얼 유통해서 먹고살 것인지, 그 단순하지만 명백한 사실을 결코 잊어서는 안 될 것이다.

꼭 있어야 하는 사람, 없어도 되는 사람
또다시 월급사장과 전문경영인의 경계에서

2005년 7월, 사업차 지방에 갈 일이 있어 KTX를 탔다. KTX는 사실 의자 간격이 좁아 불편하지만, 시간상으로는 비행기보다 빠른 지역이 많기 때문에 가끔 이용하게 된다. 해수욕장이 일제히 개장한 후라 그런지 피서객으로 보이는 승객이 꽤 많았는데, 그 분위기에 편승해 나도 어쩐지 휴가를 떠나는 듯한 기분이 들었다. 마치 다음 여행지를 찾듯 등받이에 꽂혀 있던 잡지 속 이곳저곳의 절경을 훑어 보던 내 눈에 낯익은 이름 하나가 들어왔다.

유앤파트너즈(You & Partners)의 대표 유순신, 우리나라 헤드헌터 업계에서 둘째가라면 서러워할 그녀를 인터뷰한 기사였는데, 그 기사 속에 마침 내 이야기가 들어 있었다. 지금까지 수많은 사람을 스카우트하면서 좋은 기억으로 남은 사람도 있고 나쁜 기억으로 남은 사람도 있지 않느냐는 질문을 받은 유 대표가, 좋은 기억으로 남은 사람으로 나를 꼽았던 것이다.

그 기사를 읽으면서 나를 스카우트하기 위해 찾아온 유 대표와 나누었던 대화가 떠올랐다.

★ ★ ★

그랬다. 한국전기초자를 그만두자 고맙게도 많은 기업에서 영입 제의가 들어왔다. 비단 동종업계만이 아니라 여기저기서 내게 회사를 맡아달라고 요청해 왔다. 당시 유순신 대표는 세 기업으로부터 나를 영입해 달라는 의뢰를 받고 나를 찾아왔다. 함께 식사를 하면서 각 기업의 특성과 제안조건을 설명하는 유 대표에게 나는 오너가 있는 회사인지, 노사관계는 어떤지, 재무상태는 어떤지 꼼꼼하게 물었다. 그리고 그의 자세한 설명을 듣고 난 뒤 이렇게 대답했다.

"내가 할 일이 있는 곳이 없습니다."

내 대답을 들은 유 대표는 놀란 듯했다. 그는 세 기업 모두 어떤 면으로 보나 손색이 없는 곳이라고 재차 강조했다. 업계1위인 곳, 부회장자리를 제안한 곳, 엄청난 연봉을 제시한 곳 등. 조건으로만 보자면 그 어떤 곳도 빠지지 않았다. 하지만 나는 단호하게 유 대표의 제안을 거절했다.

사실 어떤 기업에서는 연봉액을 백지상태로 둔 채 내가 정하는 대로 무조건 다 주겠다고도 했고, 내가 원하는 조건이 있다면 무엇이든 다 들어주겠다고 제안한 곳도 있었다. 시쳇말로 모두 잘나가는 괜찮은 회사들이었다. 하지만 나는 전부 사양했다.

유 대표에게 거절의 변으로 대답했듯이, 내가 일을 하고자 하는 이유는 부귀영화를 누리기 위해서도, 무언가를 과시하기 위해서도 아니다. 내가 잘하는 것이 구조조정이고 노사문제 해결이고 쓰러진 회사를 일으켜세우는 것인데, 그처럼 다 갖추어진 상태에서 탄탄대로를 달리고 있는 회사라면, 그곳에서 내가 무슨 할 일이 있겠는가. 그저 폼으로 앉아 있다 월급만 챙기는 월급사장이 되는 수밖에.

나는 내가 일을 할 수 있는 곳, 전문경영인으로서의 능력을 발휘할 수 있는 곳을 찾고자 했다. 그 방법 중 하나가 바로 창업주가 있거나 소유주의 입김이 강한 기업을 피하는 것이었다. 창업주는 소유욕과 성취욕이 강하기 때문에 의심이 많다. 그래서 전문경영인에게 전적으로 경영을 맡기지 않는 경우가 많다.

차라리 법정관리에 들어갔거나 도저히 손쓸 길이 없을 만큼 힘들어진 기업이라면 내 역할이 있을 것이므로, 그런 곳에 가겠다는 내 말에 유순신 대표를 비롯한 많은 이들이 '이제 좀 편안하게 지낼 때도 되지 않았느냐'라며 의아해했다.

하지만 나는 물리적인 나이는 중요하게 생각하지 않을 뿐 아니라, 일을 할 생각이라면 '죽을 힘을 다해 온 존재를 던져' 일을 해야 한다고 믿고 있다. 꿈을 가지고 그 꿈을 향해 최선을 다해 나가는 사람이라면 물리적으로는 노인이라고 해도 영원한 청년이며, 비록 청년일지라도 꿈을 잃어버린 채 하루하루 근근이 살아간다면 죽음을 코

앞에 둔 노인과 다를 바 없다.

스스로 청년이라고 생각하는 나는, 한국전기초자를 그만둔 이유를 새로운 직장을 선택하는 문제에도 그대로 적용했다. 나는 전문경영인으로서의 역할을 할 수 없었기 때문에 한국전기초자를 그만두었고, 전문경영인이 될 수 없는 곳이라면 어디라도 갈 이유가 없었던 것이다.

★ ★ ★

전문경영인이라면 모름지기 전문경영인다워야 한다. 그래야 그 기업에 '꼭 있어야 하는' 사람이 될 수 있다. 전문경영인의 의무를 가지고도 월급사장으로밖에 존재하지 않는다면 그는 그 기업에 꼭 필요한 사람이 아니라 '없어도 되는 사람'이 되고 만다.

노(勞)와 사(使)가 긴 탁자를 사이에 두고 마주앉아 어떤 현안을 놓고 줄다리기를 하는 교섭현장. 좀처럼 이견이 좁혀질 기미가 보이지 않자 노조위원장이 자리를 박차고 일어선다.

"사장하고는 얘기가 안 통하니 회장과 만나 결판을 짓겠다."

그 말을 듣고 허탈한 표정을 짓는 사장. 사용자를 대표해 그 자리에 앉았으면서도 노조 쪽에서 "당신은 실권이 없으니 윗사람 나오라고 하라"면서 빠져나가버리는 모습을 그저 허탈하게 바라만 보고 있는 사장.

이런 풍경은 우리나라 노사교섭 현장에서 흔히 볼 수 있는 고전적인 풍경이다. 물론 이런 경우 협상에 임하는 노조의 자세에도 문제가 없는 것은 아니다. 그러나 그 책임을 온전히 노조의 오만으로만 돌릴 수는 없다. 회사의 의사결정 구조가 이미 그렇게 이루어져 있는 것이다. 교섭현장에서 노조로부터 내침을 당한 이런 유형의 사장을 나는 전문경영인에 대비해서 '고용경영인'이라 부른다.

기업그룹에 속한 회사의 경우 그룹의 기획조정실에서 그룹 전체의 전략과 비전, 그리고 인사를 총괄해 왔다. 기획조정실이 구조조정본부로 명칭이 바뀌고 나서도 그 역할은 크게 달라지지 않았다. 각 회사의 사장과 임원에 대한 채용, 이동, 승진 등의 인사권이 회장에게 있으니 고용경영인은 회장의 눈치를 보지 않을 도리가 없는 것이다.

온전히 사장의 임무여야 할 자금의 조달과 운용, 사업품목의 선택과 집중 등도 그룹에서 총괄하는 게 일반적이다. 물론 최근 일부 대그룹의 개별 회사가 독립경영체제로 가기 위해 노력하고 있긴 하지만, 대부분의 경우 아직까지도 창업주나 그 일가가 대주주가 되고 그 인척들이 사장 또는 임원으로 포진해 있다.

따라서 유능한 간부사원이 임원으로 승진되고 사장으로 발탁된다 해도 회사의 인사와 재무, 영업 업무 등에서 전략적인 사안은 회장의 눈치를 봐야 한다. 이런 상황에서 책임경영 또는 열린경영이 가능하겠는가? 그러니까 협상테이블에 나온 노조위원장이 '고용경영인'의 이러한 한계를 간파하고 최종 결정권자인 회장과 상대하겠다고 선언하는 것도 그다지 이상한 일은 아닌 것이다.

나는 그러한 고용경영인이 되기를 거부하고 회사를 떠났다. 그러니 새로운 직장을 선택하는 기준 또한 남다를 수밖에 없었다. 그 회사의 규모나 업종, 연봉 수준, 장래성 같은 것보다는 전문경영인으로서의 활동이 가능한 조건인가, 전문경영인으로서의 내 역할이 정말 필요한 곳인가가 더 우선적인 기준이 되었던 것이다.

이스텔시스템즈를 택하다
진정한 전문경영인이 설자리

한국전기초자에 사직서를 내고 나온 후, 수없이 많은 곳으로 강연을 하러 다니면서 나는 전문경영인의 의미와 가치에 대해 더욱 많은 생각을 하게 되었다. 우리 기업들이 세계 유수의 기업들과 경쟁하고 그 경쟁에서 우위를 차지하기 위해서라도, 전문경영인에 대한 올바른 평가와 의미부여가 필요한 시점이라고 생각한다.

하버드대학의 비즈니스스쿨에서 내놓은 흥미로운 연구보고서가 하나 있다. 1974년에 졸업한 115명의 졸업 후 20년간의 행적을 추적, 성공한 사람(물론 세속적인 기준의 '성공'이겠지만)의 성품 혹은 행동양식을 분류해 놓은 것이다.

이 자료에 의하면, 성공한 사람들이 공통적으로 지니고 있는 성향 중 두드러진 것이 바로 도전형과 평생학습형이다. 이 자료를 원용해 우리나라 전문경영인의 경영양태를 살펴보는 것도 의미 있는 작업이 될 것 같다.

우선 창업주(오너)가 가장 선호하는 CEO는 남다른 열정을 지닌 위험도전형 인물인데, 강한 추진력과 개척정신은 높이 살 만하다. 그러나 이 경우 기업의 사회적 소임과 구성원과의 화합, 합리성 따위의 덕목은 설자리가 부족하기 쉽다.

두 번째로 선호하는 사람은 강한 책임감의 소유자다. 고금을 막론하고 경영인에게 책임감이 강조되어 나쁠 것은 없다. 그런데 여기서의 책임감이 회사의 오너에 대한 무조건적인 충성심과 분리되기란 만만치 않다는 문제가 있다.

마지막으로 한 가지를 더 꼽자면, 결과지향형 경영인이 창업주의 절대적인 신임을 받아왔다. 물론 이때의 '결과' 역시 구성원이나 주주, 고객에게 고루 이익이 되는 성과가 아니라 창업주의 주머니를 두둑하게 하는 결과라고 할 수 있다. 풍족한 과실을 얻어내기 위해서라면 수단과 절차의 정당성은 그저 첨부사항일 뿐인 것이다.

물론 이 모두를 뭉뚱그려 그저 부정적으로만 볼 일은 아니다. 어려운 기업환경 아래 '파이'를 키우는 과정에서 이런 요소들이 긍정적으로 작용한 공로도 적지 않을뿐더러, 과단성 있는 선택과 결단은 오늘날에도 필요한 덕목이기 때문이다. 하지만 전문경영인은 항상 기업을 생각하고, 기업의 사회적 역할을 생각하고, 모든 주주를 생각하고, 내부고객까지 포함한 모든 고객의 만족을 으뜸으로 여겨야 한다.

★ ★ ★

나는 21세기의 전문경영인이 갖춰야 할 덕목으로 정직과 솔선수범, 그리고 평생학습의 정신을 꼽는다.

첫째, 정직은 경영인 개인의 도덕적 관점에서의 정직뿐만 아니라, 회사경영에 대해서 회사의 이해관계자들에게 허위가 없어야 한다는 얘기다. 그래야 열린경영과 윤리경영이 가능하고 이것이 곧 대내외적인 신뢰로 이어진다.

두 번째로 거론한 솔선수범형 경영인은, 군림함으로써 불신을 초래하고 그 불신 때문에 조직의 역량을 결집하기 어려웠던 구시대 경영인의 약점을 보완해 줄 것이다.

마지막으로 대화와 독서 등을 통한 평생학습 습관과 부단한 정보수집이야말로 전문경영인에게 필수 불가결한 요소다. 정보화시대에는 끊임없는 학습만이 바른 판단능력을 보장해 주기 때문이다.

그러나 새로운 전문경영인 문화를 정착시키기 위해서 가장 많이 달라져야 하는 쪽은 역시 창업주다. 우선 그들은 회사의 구석구석을 그 누구보다도 잘 알고 있기 때문에 자신이 고용한 CEO에게 부단히 간섭하게 된다. 그들은 또한 회사에 대한 소유욕과 성취욕이 그 누구보다도 강하기 때문에 의심이 많다.

그러나 전문경영인이 책임경영을 통해 회사를 더 발전시키기를 바란다면, 창업주가 먼저 이런 간섭과 의심의 시선을 거둬야 한다. 뿐만 아니라, 지나친 소유욕도 줄여야 한다. 탈세나 편법상속 등은 모두 기업에 대한 창업주의 사적 소유욕이 지나친 데서 발생하기 마련이다. 이러한 일들은 그가 고용한 전문경영인으로 하여금 중도에 좌절하게끔 만들기 십상이다.

나는 기업하는 즐거움을 '소유'가 아니라 '성취'에서 찾을 수 있어야 한다고 생각한다. 1세대 경영인, 즉 창업주들이 척박한 환경에서 발휘했던 개척정신과 도전정신을 정직, 솔선수범, 평생학습 등의 요소와 융화하고 조화시켜 나갈 수 있는 전문경영인이야말로 이 시대 우리가 바라는 CEO의 전형이 아니겠는가.

이제 전문경영인의 시대가 활짝 열려야 한다. 그러기 위해서는 기업이나 창업주, 전문경영인 모두 노력에 노력을 경주해야 할 것이다.

실질적인 전문경영인 시대를 열기 위해서는, 가장 먼저 CEO에게 경영 전반에 걸친 독자적인 책임과 권한과 의무가 온전하게 주어지는 풍토가 마련되어야 한다. 그렇지 않고서는 전문경영인이 설자리가 없다.

회사가 경영상 별 어려움 없이 잘되고 있을 때는 그 기업을 책임지고 있는 사람의 경영스타일이 쉽게 노출되지 않는다. 그러나 위기가 닥치면 어쩔 수 없이 경영책임자의 본색이 드러나기 마련이다.

지난 1997년 말 이후 불어닥친 IMF 구제금융 태풍은 이 땅의 기업 경영인들이 고용경영인인지 전문경영인인지를 가늠할 수 있는 리트

머스 시험지 같은 것이었다. 물론 당시 우리 경영인들은 어떤 성향을 막론하고 그 전대미문의 위기를 헤쳐나가기 위해 모두 최선을 다했다. 그러나 그것이 과연 누구를 위한 최선이었는가를 짚어보면 문제는 180도 달라진다.

고용경영인들은 우선 노사문제나 채권단에 대한 대처, 주주에 대한 인식 등 모든 부문에서 지배주주인 창업주나 1대주주가 의도하는 바에 충실하기 위해 최선을 다했다. 인원감축과 사업양도, 재산처분, 보유주식 매각을 통해 '굶는 한이 있더라도 살을 빼서 울타리 빠져나가기'에 급급했는데, 이러한 결정은 일견 현명한 방식으로 비쳐지기도 한다. 그러나 기업이란 우리가 '오너'라고 부르는 창업주나 1대주주의 쌈지만을 위해 존재하는 것이 아니다.

기업이 어려움에 처했다면 이해당사자가 모두 공평하게 어려워야 하고, 경영실적이 좋다면 그 과실이 모두에게 고루 돌아가야 한다. 고통과 이윤의 분배가 균형과 조화를 이뤄야 한다는 얘기다. 모두 다 함께 위기를 극복하기 위해서는, 근로자들에게는 상황이 나아질 때까지 일을 더 하고 임금을 덜 받는 조건으로 고용보장을 약속하고, 주주에게는 당장 배당은 못하지만 이러저러한 노력을 하고 있으니 머지않아 개선될 것이라는 희망을 줘야 하는 것이다.

또한 고객에게는 좋은 제품을 만들어 공급하겠다는 확실한 약속을 해야 하고, 정부나 지방자치단체에는 이윤창출을 위해 열심히 노력해서 앞으로 더 많은 세금을 내겠다는 무언의 약속을 해야 한다. 말하자면 기업과, 그 기업이 인연을 맺고 있는 모든 조직이 함께 살아남을 방도를 찾아야 한다는 얘기다. 전문경영인이라면 당연히 그렇게 했어야 한다.

·나는 우리 기업들의 경영형태 흐름을 '창업주 시대→고용경영인 시대→전문경영인 시대'로 분류한다. 그동안 나타났던 기업경영상의 이러저러한 불합리와 비효율은 창업주와 그가 고용한 월급사장(고용경영인) 간의 '부적절한 관계' 때문에 발생했다고 해도 크게 틀리지 않을 것이다. 나는 현재의 단계를 '고용경영인이 아직 주류인 가운데 전문경영인 시대의 문이 열리고 있는 시점'이라고 본다.

★　★　★

전문경영인 시대의 질적·양적 발전을 위해 나 역시 더욱 열정을 가지고 뛸 수 있는 기업이 필요했고, 그러한 조건을 갖추고 있다고 판단한 곳이 바로 이스텔시스템즈(주)였다. 내가 영입제의를 받았을 당시 이스텔시스템즈의 1대주주는 동원그룹이었고, 그룹 회장인 김재철 회장 덕분에 나는 내가 바라던 전문경영인의 자리를 찾을 수 있었다.

이스텔시스템즈는 1980년에 설립된 성미전자에서 출발했으며, 2000년 이스텔시스템즈로 상호를 변경했다가 2005년 3월 동원이엔씨를 흡수합병하면서 지금의 동원시스템즈로 상호를 바꿨다.

성미전자가 얼마나 탄탄한 회사였는지 아는 사람은 안다. 그야말로 알찬 회사였다. 그런 성미전자를 뿌리로 한 이스텔시스템즈는 시대의 요청까지 부합되어 승승장구의 역사를 쌓아왔다. 하지만 2000년에 들어서면서 IT산업의 환경 변화, 비대해진 몸집과 욕심 때문에 기반이 흔들리기 시작했고, 나에게 사장직을 제안했던 2001년 말 무렵에는 사실 심각한 위기상황이었다. 하지만 앞에서 이미 언급한 대로, 바로 그 점 때문에 나는 어쩌면 경영일선에서의 마지막이 될지도 모르는 활동무대로 이스텔시스템즈를 택했다.

물론 나를 그런 판단으로 이끈 배경에는 김재철 회장의 지대한 역할이 있었다.

창업주들의 특성상 전문경영인에게 경영의 전권을 주기란 결코 쉬운 일이 아니다. 그러나 전문경영인의 시대를 열기 위해서는 창업주와 1대주주들이 소유욕을 버리고, 의심하고 간섭하는 행위를 중단하기 위해 노력해야 한다는 내 생각에는 변함이 없다.

물론 우리 기업의 창업주들에게 의심과 간섭, 소유욕 등의 부정적인 이미지만 있는 것은 아니다. 창업주에게는 분명히 전문경영인과는 다른 무언가가 있다. 그것은 '헌신'과 '몰입'이라는 말로 축약할 수 있을 것이다.

창업주에게는 전문경영인이 아무리 열심히 해도 따라잡을 수 없는 부분이 분명히 있고, 창업주라는 프리미엄이 경영에 작용하는 것도 사실이다. 외국에서는 '1세대 창업주 사장'이라고 하면 그 규모가 아무리 작아도 대우를 해준다. 창업주는 '전문경영인 + 알파'이기 때문이다. 현실적으로 우리나라에서는 창업주라고 하면 (일부 나쁜 선례 때문에) 자신의 욕심을 위해 공공의 이익을 저버리는 사람이라고 생각하는 경향이 있지만, 사실 그렇지 않은 경우도 많다.

나는 창업주의 긍정적인 면을 더 많이 가지고 있는, 그래서 존경할 만한 창업주들도 많이 만나봤는데, 김재철 회장도 그런 분이다. 특히 그분의 해박한 지식을 접하게 되면 그저 놀라울 따름이다. 전문경영인들이 압박을 느낄 정도다.

창업주와 전문경영인의 가장 분명한 차이점은 '열정'에 있다. 열정의 구성요소는 헌신과 몰입인데, 전문경영인들은 열정을 고난이라는 면에 더 비중을 두어 생각한다. 반대로 창업주들은 고난이라는 생각은 별로 하지 않는다. 그들은 헌신과 몰입을 해야 그것이 바로 열정이라고 생각한다.

물론 전문경영인 중에서도 많은 분들이 헌신과 몰입을 통해 열정을 쏟아부으면서 그것을 결코 고난으로 생각하지 않는다. 창업주든 전문경영인이든, 한 사람은 고난이라고 생각하고 한 사람은 열정이라고 생각한다면, 당연히 후자가 성공의 길을 걷게 될 것이다.

★ ★ ★

나는 김재철 회장에게서 창업주의 특징인 열정을 보았으며, 그런 분과 함께라면 어쩌면 마지막이 될지도 모르는 직장으로 그곳을 택할 만하다는 생각이 들었다. 그런 느낌을 가질 수 있었던 것은 내 강연에 대해 김 회장이 보여준 모습 때문이었다.

동원증권에서 내가 처음 강의를 한 것은 2001년 여름, 어느 토요일 오후였다. 여의도에 있는 회사 강당에서 강의가 이루어졌는데, 후텁지근한 한여름 날씨가 사람을 지치게 했다. 그래서일까? 맨 끝 줄에 앉은 사람이 졸고 있는 모습이 눈에 띄었다.

그동안 내 강의에서 조는 사람은 거의 없었다. 나는 내 강의를 최대한 재미있고 충분한 공감을 불러일으키며 동기를 부여하는 내용으로 채우기 위해 항상 최선을 다했다.

강의 도중 조는 사람을 발견하면 다른 강사들은 대개 그냥 넘어가지만, 나는 그럴 수 없었다. 그 사람을 정확히 지적한 다음 이렇게 말했다.

"일어서세요. 졸리면 어떤 방법을 써서라도 스스로 잠을 깨도록 해야지, 그렇게 꾸벅꾸벅 졸고 있으면 어떡합니까? 계속 졸리면 밖으로 나가든지 아니면 뒤로 나가 서서 잠을 깨도록 하세요. 여러분, 오늘 여기 모인 이유가 뭡니까? 물론 오전에 업무에 시달렸을 테고, 날씨도 이리 더우니 졸릴 수도 있습니다. 하지만 항상 자신이 여기 왜 있는지 생각하면서 적극적으로 임하세요. 미래 여러분의 자리가 어디가 되느냐는 바로 늘 깨어 있는 정신, 몰입하는 열정에 달려 있습니다. 나는 어떤 강의든, 내 강의를 듣는 대상이 어떤 사람이든 가리지 않고 항상 최선을 다합니다. 여러분 역시 최선을 다해 강의를 들으셔야 하지 않겠습니까?"

그 강의를 녹화한 테이프를 김재철 회장이 보고는 이렇게 말했다고 한다.

"서두칠, 이 사람 강의는 다른 사람들 강의와 다르다. 대부분의 강사들은 정해진 시간에 강의를 하고 가면 된다는 생각으로 강의를 하는 느낌이 든다. 하지만 그의 강의는 아무나 할 수 있는 단순한 강의가 아니다. 진실하고 열정을 가진 사람만이 할 수 있는 강의다."

아마 김 회장은 그때 이미 나를 영입해야겠다는 생각을 굳힌 모양이다.

그때가 8월이었고, 김재철 회장과 내가 직접 만난 것은 그해 12월이었다. 2002년 초 무역협회에서 조찬강연을 한 후였다. 어떤 조직이든 그 조직의 최고리더가 외부강사의 강의를 전부 다 듣는 경우는 드물다. 처음 얼마간 듣다가 소리없이 나가는 게 일반적인데, 김 회장은 내 강연을 처음부터 끝까지 다 들었다. 나중에 알게 된 사실이지만, 그는 내 강연뿐 아니라 다른 강사들의 강연도 일단 참석을 하게 되면 다 듣는다고 한다. 그런 김 회장에게서 나는 열정을 볼 수 있었고, 그것은 나중에 김 회장의 영입제안을 받아들인 중요한 이유 중 하나가 되었다.

내가 김 회장의 제안을 받아들인 가장 큰 이유는 물론 그가 나의 생각을 인정했기 때문이다.

무역협회에서의 강연 이후 김재철 회장은 그 자리에서 내게 영입제의를 했다.

"내가 회사를 맡게 되면 어떤 경영간섭도 없어야 합니다."

김 회장의 제안을 듣자마자 나는 분명히 말했고, 김 회장의 대답 또한 분명했다.

"나 역시 맡기면 전부 맡깁니다. 시시하게 대충 맡길 사람이면 오라고도 하지 않습니다. 경영간섭을 일절 하지 않을 테니, 열린경영과 윤리경영으로 어려워진 회사를 위해 재량껏 노력해 주십시오."

김 회장의 사고방식과 내 사고방식이 맞아떨어졌던 것이다. 전문경영인으로서의 내 자리를 확실히 내주겠다는 김 회장의 제안은, 연봉을 더 준다거나 높은 지위를 보장해 준다는 등등의 제안이 갖지 못한 분명한 매력을 가지고 있었다. 최소한 내게는 그랬다.

앞으로는 좀더 많은 창업주들이 김 회장처럼 전문경영인들에게 진정한 제자리를 제공해 주어야 할 것이다. 그리하여 전문경영인들이 경영일선 도처에서 좀더 활발하게 움직이는 시대를 앞당기는 것, 그것이 바로 내가 꿈꾸는 기업경영 모델이다.

성공하는 기업은 이것이 다르다

기업경영은 '구조조정과 경영혁신이라는 두 개의 페달로
자갈밭을 헤쳐나가는 외발자전거 타기'와 같다.
페달을 계속 밟지 않으면 넘어질 수밖에 없다.

> 경영은 교과서에 밑줄 긋기가 아니다.
> 어떻게 몸으로 실천하느냐, 몸을 던지느냐가 중요하다.

깨어 있고, 공부하고, 일하고
경영의 중심은 사람이다

2004년 7월부터 단계적으로 시행하기 시작한 주5일 근무제가 이제 어느 정도 자리를 잡아가고 있는 것 같다. 물론 아직 엄두도 내지 못하는 작은 기업들도 많이 있지만, 웬만한 기업에서는 적어도 격주 토요 휴무 정도는 시행하고 있는 모양이다.

그런데 주5일제는 관두고, 여름휴가조차 깨끗이 잊고 지낸 사람들이 있었다. 여름휴가뿐이랴. '민족의 대이동'이라 불리는 명절 귀향까지 포기하고, 그야말로 '미친 듯이' 일만 한 사람들.

3년 8개월 동안 나와 함께 한국전기초자를 꾸려온 사람들이 그랬다. 1년 365일 근무! 일에 대한 나의 기본적인 전략, 즉 '남이 잘 때 깨어 있고, 남이 놀 때 공부하고, 남이 쉴 때 일한다'는 모토에 비춰 보더라도 비현실적이고 비인간적인 목표가 아닐 수 없다.

365일, 하루도 쉬지 않고 일을 한다니, 다들 고개를 저었고 혀를 찼다. 비난 섞인 빈정거림도 적지 않았고 내부 불만도 쉽게 가라앉지 않았다. 하지만 나와 한국전기초자 사람들은 결국 해냈다. 그런 대가를 치렀기 때문에 지금까지도 그 유례를 찾아보기 어려운 좋은 결과를 견인해 낼 수 있었던 것이다.

★　★　★

그것을 가능하게 했던 힘은 어떤 것이었을까?

사람들은 내게 묻는다. "어떻게 그렇게 했는가?" 또 이렇게 묻기도 한다. "경영이 무엇인가?" 나는 이 두 가지 질문은 하나의 답을 가지고 있다고 생각한다.

경영이란 한마디로 말해, 사람이 모여서 일을 만들어가는 것이다. 그러한 경영에는 전략적 측면과 구조적(시스템적) 측면, 그리고 인간적 측면이 있다. 직접 경영을 해보지 않은 학자들은 전략이나 시스템의 중요성을 강조한다. 그러나 현장에서 직접 일해본 나는 경영이란 바로 '사람에 관한 것'이라고 생각한다.

기업(企業)이라는 말의 한자를 살펴보면 '사람이 함께 모여서(사람人＋그칠止) 일〔業〕을 만들어간다'는 뜻임을 알 수 있다. 경영을 실제로 굴러가게 하는 바퀴는 바로 사람인 것이다.

사람이 전략을 만들고, 사람이 시스템을 만들어, 목적하는 바를 달성하게 하는 것이 바로 경영이다. 그러므로 '경영은 사람이다'라고 정의해도 좋을 것이다.

따라서 사람을 제대로 알고 이해하는 것이 바로 경영의 출발점이어야 한다. 성공의 열쇠도 당연히 거기에 있다 하겠다.

한국전기초자뿐만 아니라 몇몇 어려워진 회사를 다시 일으켜세운 경력이 있는 까닭에, "경영과 혁신에 성공하는 비법은 무엇인가?" 하는 질문을 많이 받는다. 그때마다 나는 "답은 사람에 있다"고 말한다. 특히 한국적인 상황에서 경영과 혁신에 성공하기 위해 가장 중요한 것은 한국인의 특성을 제대로 알고 그 특성에 맞게 대처하는 것이다.

한의사와 양의사를 생각해 보면 쉽게 이해할 수 있다. 한의사는 근본적인 체질개선을 목표로 하는 반면, 양의사는 대증요법(對症療法)을 주로 한다. 즉 배가 아프면 배, 머리가 아프면 머리를 낫게 하는 약을 처방한다. 둘 다 나름의 세계가 있고, 과학적인 근거를 갖고 있다. 문제는 환자에게 좀더 구체적이고 적절한 방법이 무엇인가 하는 것이다.

나는 경영도 이와 비슷하다고 생각한다. 경영을 잘하기 위해서는 조직에 몸담고 있는 사람들의 체질을 제대로 파악하고 이를 근본적으로 강화시켜야 한다. 구성원 모두의 능력, 사고력, 열정을 키워주면 성과는 자연스럽게 도출되기 때문이다. 따라서 한국적 상황에서 기업을 성공으로 이끌기 위해서는 한국인의 특성을 제대로 알고 그에 따라 적절하게 대응해야 한다. 내가 한국전기초자에서 성공할 수 있었던 이유도 바로 거기에 있다.

★ ★ ★

한국인의 특성을 가까운 나라 일본과 비교해 보자. 흔히 우리나라 사람들은 인자(仁者)로, 일본 사람들은 지자(知者)로 표현하곤 하는데, 나는 그 비유에 전적으로 동의한다.

통금시간이 있던 시절, 우리나라 사람들은 시간을 조금 위반했더라도 사정을 듣고 이해가 되면 적당히 봐주곤 했다. 그러나 일본 사람들은 규정과 매뉴얼을 철저히 따른다. 우리나라 사람들은 대개 '우리가 남이가?'라는 정서를 공유하고 있기 때문에, 공동으로 승리하는 방법을 찾을 수 있다. 반면, 일본 사람들은 두 사람만 모여도 각각 따로따로이기 때문에 둘 중 하나가 반드시 이겨야 한다.

이것은 대단히 중요한 기질의 차이다. 인자그룹은 마음(心)을 대단히 중요하게 생각한다. 그러한 기질을 배려하고 살려주기 위해서는, 첫째 마음을 편안하게 해주어야 하고(心), 둘째 구성원 사이에 따뜻한 정분의 교류가 있어야 한다(情). 그리고 셋째, 기를 발휘할 수 있게 해줘야 한다(氣).

바야흐로 세계화시대다. 기업을 경영하는 사람들도 서구에서 성공했다는 이런저런 경영이론이나 모델들을 너나없이 도입해 열심히 실행한다.

하지만 외국에서 아무리 성공적이었다고 해도, 한국 사람들에게 그대로 적용시키면 효과를 보기 어려운 경우가 많다. 경영이란 사람을 중심에 놓고 해야 하는 것인데, 그 '사람'이 다르기 때문이다.

따라서 중요한 것은 한국인의 기질을 파악하고 그에 맞는 경영을 하는 것이다. 나는 그것이 앞에서 말한 심(心), 정(情), 기(氣), 이 세 가지를 잘 조화시킨 경영이라고 생각한다. 그러한 경영을 펼치면 한국 사람들은 그 누구보다도 자발적으로 헌신하고 몰입한다.

우리 민족은 예로부터 정이 많은 민족이다. 명절 때 부모님이나 가족을 만나보기 위해 고향으로 가는 그 긴 행렬이나, 한식 때 몇 시간씩 길바닥에 버려가면서도 조상의 산소에 벌초를 하러 가는 모습은 그 어떤 나라에서도 볼 수 없는 진풍경이다.

나는 이렇게 따뜻한 정을 가진 사람들을 마음으로 움직여 신나게 일하게끔 만드는 것이 위기극복의 가장 좋은 방법이라고 생각한다.

우리나라 국민들은 정이 깊을 뿐 아니라 주체할 수 없는 끼를 갖고 있다. 그래서 자신의 일과 신념에 확신을 갖게 되면 두려움 없이 달려든다. 이런 우리 국민들의 특성을 잘 살려, 자신들의 잠재능력을 온통 쏟아부을 수 있는 환경을 만들어준다면 그 어떤 어려움도 극복할 수 있다고 나는 믿는다.

또 신명이 나면 물불을 안 가리는 민족이 바로 한국 사람들이다. 따라서 한국인의 장점을 제대로 알고 이를 살려주기만 하면 무슨 일이든지 자발적으로 해낼 수 있다. 그것이 바로 경영의 성공조건이다. 그러나 반대로 수가 틀리면 부정적인 방향으로 극한까지 치달을 수 있는 것이 또 우리 한국인의 특성이다. 그러므로 신명이 나도, 수가 틀려도 극한까지 갈 수 있는 한국인의 정체성을 살리는 것이 무엇보다도 중요하다.

최근에 나는 이러한 한국인의 기질을 잘 파악한 책 『곰이 성공하는 나라』(동인서원)를 읽으면서 무릎을 쳤다. 평소 내가 견지해 온 경영철학의 기본이 그 책에 잘 표현돼 있어 반가웠다.

★　★　★

따뜻한 정과 열정적인 끼, 거기에다 한글이라는 독창적인 문자를 발명한 창의력과 지혜를 겸비한 민족이 바로 우리 국민들이다. 이러한 인적자원의 효율을 극대화하면 엄청난 힘을 발휘할 수 있다.

사형선고를 받은 한국전기초자를 맡았을 때도 나는 이러한 시각으로 위기에 접근해, 인원을 줄이지 않고 두 배로 일을 하게끔 유도하여 성공을 이끌어냈다. 자산을 매각하지도 않았고, 사업을 양도하지도 않았으며, 주식도 처분하지 않았다. 오로지 사원들의 힘을 한데 모아 최대한 발휘하게끔 만들어 위기를 극복한 것이다.

지난 2002년 6월 월드컵 때 나는 상암 월드컵경기장에서 독일과의 4강전을 관전했다. 그 수만 명의 인원이 한 치의 흐트러짐 없이 질서정연하게 움직이고, 경기가 끝난 후에 쓰레기를 찾아볼 수 없을 정도로 정리정돈을 잘하는 것을 보면서 나는 다시 한 번 한국인의 위대함을 느꼈다. 일당을 받고 동원된 사람들도 아니고, 누군가의 감독을 받는 것도 아니었으며, 누가 강제로 시킨 일도 아니었는데, 그들은 경기장을 마치 자기 집처럼 깨끗하게 정리하고 질서정연하게 경기장을 빠져나갔다. 그처럼 열정적으로 응원하던 경기에서 우리나라가 졌는데도 말이다.

  이처럼 우리 민족은 스스로 하고자 하는 욕구를 가지면 엄청난 폭발력과 에너지를 갖는다. 나는 이러한 한국인의 자발성을 불러일으켜야 일하는 문화가 형성된다고 믿는다. 한국인의 특성을 살리지 못한 채 돈 몇 푼 더 주는 방식으로 사람들을 움직이려고 하거나 상명하달의 일방통행식으로 강압한다면, 표면적으로는 변화나 혁신이 이루어지는 것처럼 보여도 금세 원상태로 후퇴하는 요요현상이 나타난다.

★ ★ ★

  또 하나 유의할 것이 있다. 한국인들은 대부분 본연의 자기와 현재의 자기를 따로 떨어뜨려놓고 생각한다는 점이다. 그러니까 현실과 이상이 공존하는 것이다. 백화점에서 점원들이 "선생님" 또는 "사장님"이라고 부르면 일본인들은 "난 사장님 아니에요"라고 밝히지만, 한국인들은 대체로 고개를 끄덕인다. 비록 지금은 사장이나 선생이 아니어도 '응, 그래. 내 본연의 모습은 사장이고 선생이야. 난 그 정도는 되는 사람이야'라고 생각하는 것이다.

  이런 사람들에게 "시키는 대로 해"하고 일방적으로 지시하면 절대 동참하지 않는다. '우리는 빼앗기고 있다, 손해보고 있다, 당하고 있다, 사람취급 못 받고 있다'고 생각하기 때문이다. 우리나라 사람들에게는 일방통행식이 아니라 "우리 함께 해나가자"는 식이어야 마음을 움직일 수 있다. 그러기 위해서는 관리자가 현장 한가운데 있어야 한다.

우리나라에서 경영의 가장 중요한 요소인 사람, 즉 구성원들로 하여금 열심히 일하도록 독려하기 위해서는, 한국인의 특성을 고려해서 그들이 가지고 있는 열정을 쏟아부을 수 있는 분위기를 조성해야 한다. 그러기 위해서는 경영자가 현장의 한복판에서 구성원들과 함께 움직여야 한다. 경영자가 '우린 같다. 아니, 당신이 더 낫다'는 자세로 구성원들과 함께 일하면 그들은 동질감과 우월감을 갖고 자발적으로 변화와 혁신에 기여하게 된다. 이 과정에서 가장 중요한 것은 바로 경영자의 솔선수범이다.

4가지 문제에는 4가지 해법이 있다
불가능과의 싸움

'서두칠' 하면 많은 사람들이 '구조조정 전문가'라고 말한다. 위기에 처한 회사를 맡아 짧은 시간에 위기를 극복했을 뿐만 아니라, 깜짝 놀랄 만한 성과를 거둔 경력 때문일 것이다.

특히 한국전기초자의 성공은 몇 년이 지난 지금도 신기한 얘깃거리로 회자되고 있다. 게다가 대주주였던 아사히글라스와의 갈등 끝에 결국 한국전기초자 사장직을 사임한 이유가 내 경영철학과 직결되고, 또한 나의 사임 이후 한국전기초자의 경영실적이 현격히 떨어졌기 때문에 더욱 화제가 되고 있는 모양이다.

나와 1,600여 명의 한국전기초자 사람들이 일궈낸 '한국전기초자의 부활'은 무엇보다 구성원들의 마음이 하나가 되었기에 가능한 일이었다. 그렇다면 그 많은 구성원의 마음을 어떻게 '혁신'이라는 하나의 모토로 모을 수 있었는가? 그 키워드는 '열린경영'과 '솔선수범'이었다고 나는 생각한다. 또한 앞에서 말한 '한국인의 기질'을 잘 이해했기 때문에 가능할 수 있었다. 그렇지 않고 강요나 일시적인 유혹으로 구성원들을 끌고 가려 했다면 지금의 한국전기초자도, 나도 없었을 것이다.

★ ★ ★

1997년 12월 초, 내가 처음 한국전기초자에 갔을 때 임원진과 간부사원들은 입을 모아 "회사에 미래는 없다"고 말했다. 당시로서는 그들이 그렇게 말할 만도 했다.

첫째, 모든 산업과 사업에는 성장기·성숙기·쇠퇴기가 있는데, 텔레비전 브라운관 유리 사업은 이미 쇠퇴기이므로 가망이 없다는 판단이 지배적이었다. 실제로 회사를 둘러보니 운동장은 물론 주차장까지 공장 곳곳에 재고가 쌓여 있었다.

둘째, 과거의 임원진이 미래를 제대로 예측하지 못하고 성숙기 말기에 제2공장을 증설하고 제3공장을 신설하는 등 지나치게 많이 투자를 했는데, 그것이 모두 차입금으로 이루어진 상태였다. 영업이익이 나지 않는 상황에서 이자를 갚을 수도 없으니, 빨리 회사를 정리하는 게 그나마 상책이라는 말이 공공연하게 나돌고 있었다.

셋째, 한국전기초자는 원천기술을 보유하지 못한 상태였다. 모래를 녹여 완벽한 디스플레이용 유리를 만드는 것은 매우 섬세하고 어려운 기술이다. 당시 한국전기초자는 그 생산기술을 자체적으로 보유하지 못해, 미국의 기술제공 회사에 매출액의 1.5%를 로열티로 지불하고 있었다. 그것도 당시 생산하고 있던 중소형 TV 브라운관 유리에 한해서였다.

1990년대 후반으로 접어들면서 가전제품이 대형화되는 추세였는데, 대형 TV 브라운관용 유리 생산기술을 도입하기 위해서는 매출액의 3%를 로열티로 지불해야 하는 형편이었다. 1.5%의 로열티도 원가부담이 되는 상황에서, 로열티를 3%나 준다는 것은 매우 위험한 수준이었다. 또 그 정도의 로열티를 주고 기술을 도입해 제품을 만든다고 하더라도 그것이 성공할 것인지도 확실하지 않았기 때문에 이러지도 저러지도 못하고 있는 상태였다.

당시 성장추세에 있는 시장은 PC 모니터용 브라운관 유리였는데, 그것은 TV 브라운관 유리와는 달라서 또 다른 기술이 필요했다. 그 기술을 가지고 있는 회사는 일본에 2개, 미국에 1개밖에 없었다. 이 세 회사는 암묵적으로 그 기술을 다른 회사에 절대 넘겨주지 않기로 담합을 하고, 독과점의 형태로 수급을 조절하고 있었다. 따라서 한국전기초자로서는 그 기술을 도입할 방법이 없었으므로, PC 모니터 시장에도 진출하지 못하고 있었다.

넷째, 작업환경이 너무 열악했다. 유리를 생산하기 위해서는 모래를 1,600도로 끓여내야 하는데, 그러다 보니 작업장이 말할 수 없이 뜨거웠다. 그래서 1시간 일한 다음에는 30분 정도 땀을 식히고 휴식을 취해야 한다. 그리고 그 뜨거운 용해로는 아침에 출근해서 불을 붙였다가 저녁에 퇴근할 때 끄는 것이 아니다. 공장이 가동되는 한 용해로에는 계속 불을 지펴야 하기 때문에, 사원들은 하루 3교대로 근무를 하고 있었다. 이처럼 일도 대단히 어렵고 작업장도 몹시 뜨거우며 게다가 위험하기까지 한, 소위 3D업종인 것이다. 따라서 이런 일을 하려고 하는 인력을 구하기가 몹시 어려운 상태였다.

★ ★ ★

예고된 위기였던 1997년의 사망선고에는 이 네 가지 이유 말고도 또 다른 이유가 있었다. 77일간의 파업, 바로 그것이었다.

97년에 들어서면서 제품 판매가 줄어들자 회사 측에서는 6개의 용해로 중에서 1개의 불을 끄게 되었다. 그러한 조치가 내려지자 사원들은 심각한 불안감에 휩싸였다. 용해로의 불을 끈다는 것은 곧 자신들의 일자리가 줄어든다는 의미였기 때문이다.

그런데 그런 극단적인 방법을 썼는데도 재고가 줄지 않자 불안감은 점점 더 강해졌다. 게다가 때마침 노조위원장 선거가 있었는데 강성인물이 선출되었다. 노동조합은 임금 8.8% 인상, 노동시간 단축, 상여금 800% 보장 등을 요구했다. 그리고 16차례에 걸친 협상이 성과 없이 무산되자, 그해 7월부터 총파업에 돌입했다. 총파업이 시작되자 회사는 이에 맞서 공장을 폐쇄해 버렸고, 파업은 9월 말까지 77일간 계속되었다. 이후 조업이 시작되었지만, 그것으로 문제가 해결된 것은 아니었다. 3개월 동안 임금이 나가지 않자 '선조업 후협상'

이라는 조건으로 일단 조업을 시작했을 뿐이었다.

그해 12월 내가 부임했을 때에도 노사간의 문제는 아직 결론이 나지 않은 상태였다. 그런데 문제는 노사간에만 있는 것이 아니었다. 파업과정에서 노노간에도 갈등이 불거져 불안요소가 커져가고 있었다. 3개월 가까이 파업이 진행되면서 근로자 사이에서도 의견이 양분되었던 것이다. 총 2,000여 명의 사원 가운데 500여 명은 일을 하면서 교섭을 해야 한다고 주장했다. 파업 때문에 임금도 받지 못하고, 고객이 떨어져나가 회사가 점점 어려워지면 결국 일자리를 잃게 될지도 모른다고 생각한 것이다. 하지만 나머지 사원들은 계속 파업해야 한다는 입장을 고수했다.

결국 파업 도중 노노간의 갈등이 폭발하고 말았다. 97년 8월 그 더운 여름에 조업을 주장한 500여 명의 사원을 제4공장에 가둬놓고, 무려 30시간 동안 물 한 모금 공급하지 않는 사태까지 벌어진 것이다. 결국 경찰까지 개입해 해산되었다.

사실 그 이전에 이미 한국전기초자는 퇴색이 짙었다. 미국의 한 컨설팅회사에 경영진단을 의뢰한 결과, 현재의 경쟁력으로는 도저히 살아남기 힘들다는, 기업으로서는 사형선고와도 같은 진단을 받아놓은 상태였다.

1998년 초 정부에서는 잘 안 되는 기업이 국민의 혈세만 허비한다며 퇴출조건을 내놓기 시작했다. 그 조건이란 차입금이 너무 많은 회사, 노사관계가 불안한 회사, 적자가 많은 회사, 사업전망이 없는 회사 등이었다. 유감스럽게도 한국전기초자는 그 모든 조건을 다 충족시키고도 남는 상황이었다. 신문에는 매일 퇴출기업에 관한 기사가 실렸고, 한국전기초자는 퇴출 1순위 기업으로 지목되었다.

★ ★ ★

그런 회사를 맡아 나는 나의 경영철학을 바탕으로 하나씩 하나씩 변화를 도모하기 시작했다.

내 경영철학이란 별다른 게 아니다. 기업의 경영을 공개하고, 위기를 공감하고, 적극적인 사고방식을 주입하고, 즐거운 마음으로 일하는 문화를 만들고, 책임자가 솔선수범하고, 비전을 확실히 제시하고, 그 비전에 다가갈 수 있는 방법을 공유함으로써 전사원의 생각과 CEO의 생각을 일치시키는 것이다. 그러면 기업의 구성원 모두가 자신의 일이라고 생각하고 한 방향으로 뜻과 마음과 힘을 모을 수 있다. 그렇게 모아진 구성원들의 마음은 폭발적인 힘을 갖게 된다.

누군가는 이렇게 비아냥거릴지도 모른다. "말이야 좋지, 그러나 그게 어디 쉽나? 현실적으로 그렇게 될 리도 없고……." 물론 어려운 일이다. 하지만 생각만 하고 실천하지 않는다면, 그 성과는 아마 영원히 경험할 수 없을 것이다.

많은 사람들이 1997년 이후 나와 한국전기초자 사람들이 이뤄낸 성과를 두고 '기적'이라고 말한다. 그러나 사람이 하는 일에서 기적이 어디 있겠는가? 그것은 사람들의 땀과 노력과 피의 결정체였을 뿐이다.

97년 말의 한국전기초자라는 극한상황에서 내가 가장 먼저 한 일은 '우리는 안 된다'라는 생각부터 없애는 것이었다. 즉, 마음의 구조조정부터 시작한 것이다.

'우리는 안 된다'라는 생각은 스스로 사양산업이라는 딱지를 붙이는 데서 시작된다. 나는 사양산업이나 쇠퇴산업이라는 것은 없다고 생각한다. 다만 그 사업을 담당하는 기업이 사양화되거나 쇠퇴할 뿐이다. 개별 기업 단위의 문제인 것이다. 즉, 사양산업이나 쇠퇴산업이 있는 것이 아니라 사양기업이나 쇠퇴기업이 있을 따름이다.

신발산업을 예로 들어보자. 옛날에는 왕자표 고무신과 말표 운동화밖에 없었다. 그러나 고객의 요구가 점점 다양해지면서 조깅화, 농구화, 마라톤화 등 다품목 소량생산으로 시장이 변화했다. 그러자 그에 따른 경쟁력을 확보하지 못한 신발회사들이 결국 문을 닫게 되었다. 지금도 사람들은 다 신발을 사 신는다. 신발산업 자체가 쇠퇴산업이 아니라 왕자표나 말표가 쇠퇴기업인 것이다.

과거 1960년대에는 인터내셔널(International)이라고 했고, 70년대에는 멀티내셔널(Multinational)이라고 했으며, 지금은 트랜스내셔널(Transnational)이라고 한다. 200여 개의 나라가 모두 한 시장에 있는 것이다. 이러한 현실은 경쟁력만 키우면 충분히 살아남을 수 있다는 생각을 뒷받침한다.

구성원들이 '우리는 안 된다'라고 생각한 두 번째 이유는, 과잉투자로 인한 설비의 과포화상태였다. 그러나 내 생각은 달랐다. 당시 한국전기초자의 시장점유율은 세계시장의 4% 정도였다. 세계시장에서 적어도 두 자릿수의 점유율을 확보해야 모델을 선도하고, 패션을 리드하며, 가격결정권을 가질 수 있다. 따라서 4%의 시장점유율을 갖기 위한 설비는 과잉설비가 아니며 오히려 투자를 더 늘려야 한다고 판단했다. 나는 전임자들이 설비를 증설한 것은 아주 잘한 일이라고 생각했다.

세 번째는 한국전기초자에 원천기술이 없고, 핵심기술을 보유한 회사들이 기술을 제공해 주지 않기 때문에 미래가 없다는 생각이었다. 나는 수많은 나라를 가보았지만 우리나라 사람들만큼 똑똑하고, 주체성이 있으며, 지혜롭고, 창의력이 있는 민족을 보지 못했다. 지금까지 우리가 하지 못한 것은 도전하지 않았기 때문이다. 나는 한국전기초자 임직원 모두에게 미래의 불확실성에 당당히 도전할 수 있는 도전정신이 필요하다고 채근했다.

"로열티가 부담된다면 그 부분부터 해결합시다. 돈을 주는데도 팔지 않겠다는 기술을 사려고 애걸복걸하지 말고, 이왕에 로열티를 주고 있는 기술까지 반납합시다. 대신 모두 밤새워 연구하고 일해서 새로운 기술을 우리가 직접 개발합시다."

불가능은 하려고 하지 않기 때문이다. 기술을 개발하지 않고 왜 로열티가 비싸니 더 이상 할 수 없는 사업이라고 생각한단 말인가?

한국전기초자 사람들이 '우리는 안 된다'고 생각한 네 번째 이유, 즉 3D업종이기 때문에 앞으로 사원을 구할 수가 없어서 전망이 어둡다는 생각을 극복할 수 있는 방법은, 일에 대한 가치관을 새롭게 하는 것이었다.

나는 그들에게 뜨겁고 위험한 곳에서 일하는 것이 얼마나 보람있고 존경받을 수 있는 것인지 시간이 날 때마다 설파했다. 그것은 바로 우리가 하는 일에 대한 가치관을 어떻게 정립할 것인가 하는 문제였다. 자신의 일에 대해 흥미를 갖고, 그 일에 심취하고, 소명의식을 갖는다면 세상에 안 될 일이 어디 있겠는가. 나는 나 스스로도 그렇게 내 일에 임했고, 한국전기초자 사람들에게도 그러한 생각과 태도를 심기 위해 노력했다.

월급은 사장이 아닌 고객이 주는 것
고객을 왕이 아닌 황제처럼 생각하라

내가 처음 한국전기초자에 부임해서 구성원들의 마음을 얻기 위해 시작한 노력 중 가장 핵심이 되는 것은 역시 '열린경영'이었다. 열린경영은 노사간에 주고받는 '정분의 교류'이며, 그렇게 정이 흐르는 회사라면 성공할 수밖에 없다.

외국 투자자들이 한국에 투자하기를 꺼려하는 이유 중 큰 비중을 차지하는 것이 노사분규다. 나는 노사분규의 많은 부분이 임원과 간부사원의 책임이라고 생각한다. 사원들이 생각하기에 자신들이 자꾸 빼앗기는 것 같고, 손해보는 것 같고, 당하는 것 같고, 사람대접을 못 받는 것 같고, 회사에서 뭔가를 자꾸 숨기는 것 같으니까 수적인 우위를 내세워 문제를 극단적으로 해결하려고 하는 것이다.

따라서 '열린경영'을 하면 그 모든 문제를 한꺼번에 해결할 수 있다. 내가 말하는 열린경영이란 단순히 경영정보의 공개를 의미하는 게 아니다. 조직의 모든 구성원이 서로를 존중하고, 인정받으며, 신이 나서 해가 지는 줄도 모르고 일할 수 있는 분위기를 만드는 것이 바로 내가 주장하는 열린경영이다.

★ ★ ★

내가 막 부임했을 때인 1997년 말, 노조 측에서는 새로 부임한 나에게 고용보장각서를 들이밀며 사인을 하라고 요구했다. 나는 그것을 일언지하에 거절하면서 이렇게 말했다.

"고용보장은 사장이 하는 게 아니라 고객이 하는 것입니다."

고객이 요구하는 제품을 고객이 요구하는 가격과 품질로 제공한다면 재고가 쌓일 이유가 없다.

대우전자 부사장 시절, 나는 국내영업 부문을 맡고 있었다. 영업부 여직원들과 차를 마시면서 "○○○씨는 월급을 누가 준다고 생각하나?"라고 물은 적이 있다. 질문을 받은 여직원은 순간 당혹스러운 표정을 짓더니 "회사에서 줍니다"라고 대답했다. "회사가 월급을 준다고?" 내 반문을 오답에 대한 질책으로 들은 다른 여직원이 "사장님이 주십니다"라고 냉큼 대답했다. 순간적인 기지를 발휘했다고 생각했겠지만, 나는 역시 고개를 저었다.

"이런이런, 큰일이구먼. 내가 무슨 돈이 있어 여러분에게 월급을 주겠나? 월급은 회사에서 주는 것도, 사장이 주는 것도 아니야. 월급은 바로 고객이 주는 거지."

내 월급을 고객이 준다는 생각으로 일한다면 일을 어떻게 해야 하는지, 내 일을 어떻게 생각해야 하는지 그 답이 나온다. 그러면 상사가 시켜서 억지로 일을 하는 것이 아니라, 스스로 기꺼이 밤을 새워 연구도 하게 되고 남이 쉴 때도 땀을 흘릴 수 있게 된다.

외국 컨설팅회사의 '회생불가능'이라는 진단도, 한국전기초자는 이제 끝이라는 외부의 평가도 문제가 아니었다. 우리 내부에 깊숙이 침투되어 있는 '우리는 안 된다'라는 생각과 일에 대한 잘못된 가치관이 한국전기초자의 가장 큰 장애물이었다. 나는 가능한 한 자주 사원들과 대화하는 시간을 가졌고, 그때마다 고객이 우리에게 월급을 준다는 생각으로 '고객중심의 경영'을 해나가야 한다고 강조했다. 나의 말과 행동은 가랑비에 옷 젖듯 한국전기초자 사람들의 가슴으로 스며들기 시작했다.

내가 한국전기초자에서 경영혁신을 추진하는 데 있어서 가장 중요하게 여긴 것은 '열린경영'이었고, 그래서 가장 먼저 한 일이 경영현황 설명회였다. 생산현장이 3교대 근무를 하고 있었기 때문에 모든 사원을 한자리에 모아놓고 설명할 상황이 아니었다. 그래서 새벽 3시, 오전 9시, 오후 5시, 이렇게 1일 3회씩 교대근무 시간에 맞춰 경영현황 설명회를 가졌다.

회사의 자금사정, 생산과 재고 현황, 영업판매 및 수주 상황, 기술수준 등 모든 경영정보를 공개하고 위기를 공감하는 일을 밤을 새워 가며 해나갔다. 이 설명회를 통해 우리는 어떤 일을 해야 하고, 어떤 모습으로 변화해 갈 것인지 비전을 제시하고, 그 비전에 다다르기 위한 구체적인 방법을 낱낱이 설명했다.

> 혁신의 '혁'은 빛날 혁(赫)이 아니라 가죽 혁(革)입니다. 세상에 거저 되는 일은 없습니다. 여기서 사라지지 않고 다시 탄생하려면 살갗을 벗기우는 고통보다 더한 고통을 감내해야 합니다. 혁신은 완전하게 버리고 전혀 새롭게 시작해야 달성할 수 있는 목표입니다. 물론 익숙한 것으로부터 벗어나기란 쉽지 않은 일입니다. 어떨 땐 그 와중에 죽을 것 같다는 생각도 들 것입니다. 그러나 결코 그런 일은 없습니다. 그 고통을 이겨내고 나면 비로소 축복 같은 결실이 우리를 맞이할 것입니다. 딱 3년입니다. 3년 안에 한국전기초자를 세계 1위의 회사로 만들겠습니다. 여러분이 함께해 준다면 어렵지 않은 일입니다.

나는 3년이라는 시간을 제시했고, 그 3년 동안 비전을 현실로 만들기 위해 해야 할 일을 한마디로 표현하면 '혁신'이라고 말했다. 그 말은 3년 동안 함께 아픔을 견뎌내자는 얘기였다. 나는 그 또한 숨기지 않았다. 3년 동안 어떤 아픔을 견뎌내야 하는지 자세히 설명했고, 그 과정에서 사원들이 각자 해야 할 일을 스스로 찾도록 했다.

★ ★ ★

본격적인 구조조정은 1998년 초부터 추진하기 시작했다. 가시적인 변화 중 가장 두드러진 것은 근무체제의 변화였다. 당시 한국전기초자는 작업의 특성상 1시간 일하고 30분 쉬는 방식으로 근무체제를 운용했다. 전세계의 모든 경쟁사가 이와 대동소이한 체제로 일하고 있었다.

하지만 당시 한국전기초자가 처한 상황에서 남들과 똑같이 일해서는 살아남을 수 없었다. 남보다 늦게 출발하면서 그들을 앞서고자 한다면 남들과 똑같이 해서는 어림도 없는 일이다. 그래서 나는 2시간 일하고 10분 쉬는 체제로 전환하자고 제안했다. 생산집중력을 높이자는 얘기였다.

또한 기동력 있는 회사로 탈바꿈하기 위해 사장인 나의 결정이 12시간 내에 모든 간부사원에게, 24시간 내에 전사원에게 전달돼 실행에 옮겨지도록 인력을 전환·재배치했다.

생산공정 단순화도 병행해 반제품 재고를 줄였으며, 이는 100억 원을 절감하는 효과를 가져왔다.

하지만 생산팀의 혁신만으로는 부활을 꿈꿀 수 없었다. 나는 기술사용료를 지불하는 외국 회사와의 관계를 정리하고 연구소를 독려해 고부가가치 제품 개발과 제조기술 확보에 나섰다.

또한 고객의 요구에 따라 중소형 TV용 유리뿐 아니라 평면모니터용 유리, 대형 TV용 유리 등으로 생산품목을 확대했으며, 국내외 고객의 의견을 반영해 판매방식이나 생산라인을 바꿔나갔다. 모든 업무분야에 걸쳐 혁신을 꾀하면서 그 기본적인 원칙은 늘 '고객은 왕이 아닌 하느님'이라는 생각에 두었다. 그리고 전사원의 귀에 딱지가 앉을 만큼 그 말을 되풀이했다.

나는 특히 간부사원들에게 더 많은 주문을 했다. 경영의 기본원칙은 열린경영과 솔선수범이라고 믿었기 때문이다. 과장급 이상 전간부에게 3년간 365일 출근하고, 제사·성묘·가족행사 등 일체의 개인적인 행사를 3년간 보류하자고 제안했다. 물론 갈등이 없지는 않았다. 하지만 상황이 그만큼 절박했고, 무엇보다 내가 나서서 솔선수범했기 때문에 곧 의견일치를 볼 수 있었다. 사실 어떤 조직 속에서 관리자란 가치인식에 있어 정의로운 판단기준이어야 하고, 언행체계와 질서의 모범이 되어야 하며, 지도력 유지를 위해 평생 동안 학습해 나가야 하는 존재다.

사원들의 의지를 더욱 공고히 하기 위해 '가장 어려운 일을 항상 즐거운 마음으로 열심히 일하는 회사'라는 간판을 공장마다 내걸었다. 하지만 입에 발린 일개 구호만으로는 사원들의 진심어린 참여를 견인해 낼 수 없다. 그들에게 진짜 그런 생각을 심어주고 행동으로 옮기게끔 하려면 경영자를 비롯한 관리자들의 솔선수범이 필요하다. 그래서 나는 회사의 전반적인 경영상황은 물론이고, 접대비와 판공비까지 낱낱이 공개했다. 또한 출장을 가는 이유와 성과까지 모두 일일이 밝혔다. 전사원이 사장과 같은 생각과 판단력을 가질 수 있는 환경을 조성한 것이다.

전사원이 한마음 한 방향으로 한 치의 흐트러짐 없이 나가기 위해서는, 사원 당사자만이 아니라 가족들의 협조 또한 중요하다. 그런 분위기를 조성하기 위해 가족들의 협조를 구하는 일에도 최선을 다했다. 매년 두 차례 전사원의 부인과 가족을 회사로 초청해 경영현황을 상세히 설명하고 힘든 작업환경을 견학시켰다. 그 결과 한국전기초자 사원들의 부인은 아침에 남편을 출근시킬 때 "빨리 들어오세요"가 아니라 "열심히 일하세요"라고 인사할 정도로 적극적인 응원을 하게 되었다.

또 한국전기초자의 사원이라면 누구나 언제든지 사장에게 의견을 얘기할 수 있도록 '열린대화방'이라는 사내정보지를 주 2회 발행해 노사간 의사소통의 창구를 마련했다.

★ ★ ★

해가 바뀌어도 우리는 어떤 직원도 호봉을 올리지 않았고, 승진도 하지 않았으며, 보너스도 없었다. 그 무더운 여름날에도 에어컨을 틀지 않았고, 한겨울에도 난방을 하지 않았다. 처음에 반발하던 직원들도 시간이 지나면서 혁신의 의미와 가치를 느껴 오로지 일에만 집중해 주었다.

그런 그들에게 가속력을 붙여주기 위해, 나는 우리의 변화될 모습을 구체적으로 제시해 주었다. 이러저러한 노력을 통해 자신이 어떻게 변화해 갈 것인지, 그 그림을 그릴 수 있다면 그건 변화를 이끌어가는 큰 원동력이 된다.

내가 제시한 구체적인 비전은 이런 내용이었다. 1998년은 혁신의 원년으로 삼아 '혁신 98', 99년에는 경쟁사를 뛰어넘을 것이므로 '도약 99', 2000년에는 무차입경영을 실현할 것이므로 '성공 2000'. 이렇게 나아갈 목표를 연도별로 제시했다.

결과는 놀라웠다. 98년, 305억 원의 순이익을 냈으며 매출은 4,842억 원으로 97년의 2배를 넘었다. 그리고 99년에는 5,717억 원의 매출을 실현하고 순이익 745억 원을 달성했다. 2000년에는 매출 7,104억 원에 순이익 1,717억 원이었다.

★ ★ ★

3년간 그 어려운 상황을 극복한 결과는 이러한 수치로만 나타나지 않았다. 그동안 기업경영에 있어 가장 큰 걸림돌로 작용했던 노사관계가 안정적이고 이상적인 관계로 전환되고 있었던 것이다. 그 대표적인 예가 유례를 찾아볼 수 없을 만큼 잘 진행되는 노사협상이었다. 가족적인 분위기 속에서 지속적으로 의견을 교환해 온 덕분에 1998년 이후 3년간 단 1회의 교섭으로 임금협상을 마칠 수 있었다.

매년 1월, 나는 직원들과 함께 별 진통과정 없이 시원스럽게 노사협상을 끝내곤 했는데, 외부에서는 신기해하다 못해 못 믿겠다는 눈치였다. 아무리 노사협상이 잘된다고 해도, 또 노조가 제시하는 조건을 모두 들어준다고 해도, 절차상 10여 일은 걸린다는 것이다. 하지만 우리는 단 한 차례 회사가 제시하고 사원이 승인하는 형태로 협상을 끝내왔다.

2000년 말이 되자 많은 사람들이 2001년의 임금협상은 그렇게 쉽지만은 않을 거라고 예측했다. 한국전기초자는 그동안 허리띠를 졸라매고 오로지 일에만 집중함으로써 스스로 생각해도 놀라울 만큼 좋은 결실을 맺어왔다. 그만큼 이익도 많이 났다. 그러니 직원들의 기대와 요구 또한 당연히 많아질 것이고, 그러면 회사 측과 갈등이 있을 것이라는 염려였다.

그래서 나는 2001년의 노사협상을 2001년 초에 하지 않고 2000년 12월 31일에 미리 해버렸다. 사원들도 동의해 주었다. 우리는 그런 지혜로 모든 일을 함께 헤쳐나갔다.

임원, 평사원 할 것 없이 모두가 스스로 기꺼운 마음으로 일에 몸을 던졌기에 한국전기초자의 극적인 부활은 현실이 될 수 있었다. 그렇게 전사원이 일에 대한 가치관을 바꾸고 새로운 문화를 만들기까지, 물론 쉬운 과정은 아니었다. 하지만 나는 나의 신념대로 경영에 임했고, 그 결과 나의 경영철학이 다시 한 번 검증되었다. 한국인의 기질에 맞는 가장 한국적인 경영, 기업의 모든 것을 전사원이 함께 공유하는 열린경영, 경영자와 관리자들이 먼저 나서는 솔선수범. 나는 이 경영철학을 바탕으로 1,600여 명의 한국전기초자 사람들과 '함께' 다 쓰러져가는 기업을 살려 펄펄 날게 만들 수 있었던 것이다.

혁신에 시기가 따로 있겠는가

현장에서 검증된 7가지 구조조정 전략

좋은 CEO는 어떤 사람이어야 하는가?

먼저 직원들에게는 최적의 일터환경을 제공하고, 그들의 노동에 대해 정당한 대가를 지불하는 사람이어야 한다. 둘째, 주주들에게는 그들의 투자에 대해 더 많은 배당을 할 수 있어야 한다. 셋째, 고객에게는 가장 값싸고 품질 좋은 제품과 서비스를 공급해야 한다. 넷째, 채권단에게는 원리금을 제때 갚아야 한다. 다섯째, 국가에는 정당한 세금을 내야 한다.

이 각각의 역할을 모두 잘해낸다면 그 CEO에 대해서는 아무도 이의를 제기하지 않을 것이다. 기본과 원칙을 지키면 목표는 이뤄지기 마련이라는 게 나의 변함없는 신념이다.

내가 처음 한국전기초자를 맡았을 때, 모든 사람이 어렵다고 고개를 저었다. 직원들조차 나를 설거지할 사람으로 받아들였다. 하지만 나는 자신감을 갖고 CEO로서의 내 일에 몰두했고, 3년 만에 차입금 없는 회사로 만들어놓겠다는 약속을 지켜냈다. 그리고 그런 성과를 달성하기까지 수고를 아끼지 않은 모든 사람에게 공정하고 공평하게 분배했다. 모두 나를 믿고 인정해 주었다. 주주총회에서도 이번에 이 정도 일을 했고, 이렇게 분배할 것이라고 발표하면 모두들 격려해 주며 일사천리로 주총을 마무리짓곤 했다.

한국전기초자에 있으면서 나는 평소의 내 지론대로 열린경영을 원칙으로 삼았고, 그것을 통해 직원들의 적극적인 참여를 유도하여 좋은 결과를 이끌어냈다. 그리고 그 결실에 대해서는 공정하게 분배하여 관계된 모든 사람이 만족할 수 있도록 최선을 다했다.

1년에 두 번씩 전사원의 가족을 초청해 함께 식사도 하고 공장도 견학하면서 회사경영에 대한 정보를 함께 나누었다. 또한 1999년 초에는 『좌절과 혁신, 그리고 도약』이라는 책을 펴내 전사원에게 나누어주었고, 2001년에도 『우리는 기적이라 말하지 않는다』라는 책을 냈다. 다른 사람들은 모두 기적이라고 말하지만, 우리가 달성한 성과는 기적이 아니라 우리의 땀과 노력의 결실이었다는 것을 알리기 위해 쓴 책이었다.

우리는 그렇게 그동안 우리가 거둔 성과를 차분히 분석하고, 앞으로 더 크게 도약하기 위한 준비를 해나가고 있었다.

그런데 불행하게도 1999년 말 한국전기초자의 지배주주였던 오리

온전기와 대우전자가 워크아웃에 들어갔다. 두 회사는 주채권은행으로부터 돈이 되는 것을 팔아 빨리 돈을 갚으라는 압박을 받게 되었다. 그러자 이들은 주당 10,300원에 산 한국전기초자의 주식을 주당 52,000원을 받고 일본의 아사히글라스에 매각했다.

그때 당시 우리는 1차 비전에 이어 2차 비전(혁신 2기), 즉 '재도약 2001' '변혁 2002' '성취 2003'을 준비하고 있었다. 그때까지 벌어들인 돈으로 새로운 기술에 도전해 차세대 제품을 개발하는 것이 목표였다. 하지만 아사히글라스의 자국중심적인 경영으로 인해 나와 한국전기초자의 인연은 서서히 끝을 보이기 시작했다.

★ ★ ★

어쨌든 한국전기초자에서 보낸 기간은 다시 한 번 내 경영원칙을 투영하고 그것이 결실을 맺기까지의 과정을 오롯이 체험하는 소중한 시간이었다.

경영에는 항상 위기가 함께한다. 경영자가 '우리는 이제 됐다' 또는 '이만하면 됐다'라고 생각한다면, 그 순간이 바로 그 회사의 절정이며, 그때부터 그 회사는 내리막길로 접어들고 말 것이다. 그러므로 경영자는 항상 위기감 속에서 경영의 키를 잡아야 하며, 무엇보다 조직구성원들의 마음을 움직여 그들이 최선의 노력을 기울이게끔 견인해야 한다. 기업의 구성원들 또한 일에 대한 보상에 관심을 기울이기보다 자기가 하는 일에서 재미를 찾아가며 스스로 동기부여를 해야 한다.

기업경영은 자전거 타기다. 그것도 자갈밭에서. 따라서 페달을 밟지 않으면 바로 넘어진다. 그 페달이 바로 경영이다.

나는 지금까지 6개 상장회사의 임원을 지냈으며, 그중 3개 회사에서는 대표를 지냈다. 그간의 경험을 통해 나는, 경영이란 '자갈밭에서 자전거 타기'와 같다는 것을 깨달았다. 그런데 그 자전거는 경영자 한 사람만이 페달을 밟아서 움직이는 게 아니다. 전직원 모두 각각의 페달을 밟아야만 넘어지지 않고 앞으로 나갈 수 있는 것이다. 그러므로 전직원이 기업경영에 관한 모든 정보를 다 같이 알고 있어야 각각의 자전거가 한 방향으로 나갈 수 있다.

정보는 임원만, 간부사원만 알고 있어야 한다는 태도는 조직구성원들의 마음을 열지 못할뿐더러, 오히려 닫아걸게 만든다. 그들이 스스로 동기부여할 수 있는 기회를 원천봉쇄해 버리는 것이다.

나는 조직구성원들의 마음을 여는 최고의 방법은 한국인의 기질을 잘 이해하고 활용하는 데서 찾을 수 있음을 체험을 통해 수차례 확인했다. 나는 한국전기초자의 부활은 결코 '기적'이 아니라고 확신한다. 그것은 나의 경영철학을 이해하고 마음을 열어준 모든 구성원의 땀과 노력의 결과였다. 어떤 산업이든 직원들이 스스로 일에 몸을 던지도록 만들기 위해서는, 사장을 포함한 경영진이 먼저 솔선수범해서 일에 몸을 던져야 한다.

경영은 교과서에 밑줄 긋기가 아니다. 어떻게 몸으로 실천하느냐, 몸을 던지느냐가 중요하다.

★ ★ ★

일부 경영자들이 "구조조정을 언제까지 끝내겠다"고 말하는 것을 종종 듣는다. 하지만 구조조정은 시기가 따로 정해져 있는 것이 아니다. 자전거를 계속 굴러가게 하려면 쉬지 않고 페달을 밟아야 하듯, 기업활동을 계속 영위해 나가려면 경영환경 변화에 따라 구조조정이라는 페달을 계속 밟아나가야 한다. 더 나아가 경영환경의 변화를 주도할 수도 있어야 한다.

기업경영의 4C, 즉 변화(Change), 불확실한 미래에 대한 도전(Challenge), 고객만족(Customer), 현금흐름 파악(Cash)을 이뤄나가는 것이 무엇보다 중요하다.

4C를 이뤄나가기 위해 제일 먼저 할 일은 '이정표'를 제시하는 것이다. 캄캄한 밤에 초행길을 간다고 생각해 보라. 차에 기름은 떨어져가고 배도 고프다. 이때 가장 반가운 것이 바로 이정표다. 이정표를 보는 순간 당신은 어떤 행동을 취해야 할지 알게 된다. 여기서의 이정표는 조직에 있어 '비전'에 해당한다. 조직은 비전을 만들고 공유해 나가야 한다.

둘째는 감내하기 어려울 정도의 고통을 이겨낼 각오로 임해야 한다. 한국전기초자의 경우 혁신1기, 혁신2기 등을 계획하고 실행하는 과정에서 혹독한 아픔과 고통을 견뎌내야 했다.

셋째, 솔선수범하며 기업의 '문화'를 만들어야 한다. '생각이 행동을 지배한다.' 한국전기초자는 이러한 명제 아래 '2000년 말에 차입금 전액을 갚자'고 생각하고 이를 행동으로 옮겼다. 행동은 습관을 부르고, 습관은 성격을 만든다. 그리고 이렇게 형성된 성격들은 하나의 문화를 만든다. 여기서 문화의 핵심에는 조직의 TOP이 자리해야 한다. 즉, 사장과 임원들이 충실히 '공부'하고 이를 행동으로 옮기는 모습을 보여줌으로써 직원들에게 존경을 받아야 한다. 그럼으로써 직원들이 스스로 노력할 수 있는 '문화'를 만들어나가는 것이다. 임원은 물론 말단사원에 이르기까지 전사원이 사장의 생각을 알고 스스로 '내가 사장'이라는 생각을 품을 수 있도록 정보를 철저히 공유해야 한다.

그리고 위기를 공감하고 비전을 제시해 자신이 할 일을 스스로 찾도록 유도하면서, 동시에 적극적이고 능동적인 의식으로의 변화를 이끌어야 한다. 또한 경영주체가 "날 따르라"는 식으로 강압적으로 끌고 나가는 문화가 아니라 "함께 합시다"라는 식으로 동참을 유도하는 기업문화를 만들어야 한다. 그러기 위해서는 솔선수범하는 자세로 먼저 공부하고 노력해야 한다. 그럴 때 그 기업은 폭발적인 힘을 낼 수 있고, 그 폭발적인 힘을 바탕으로 경영혁신을 이뤄낼 수 있는 것이다.

★ ★ ★

대부분의 기업은 어떤 위기에 처했을 때 가장 먼저 인원을 감축한다. 그후에는 자산처분, 사업양도, 보유주식 매각 등의 순으로 위기

타개책을 마련한다. 하지만 나는 이러한 방법들은 진정한 해결책이 아니라 미봉책에 불과하다고 생각한다. 위기에 처했을 때 그것을 극복하고 다시 도약하기 위해서는 단호한 경영혁신을 이뤄내야 한다.

경영혁신을 성공적으로 이끌어가기 위해서는 전략이 필요하다. 현장에서 검증된 경영혁신의 성공전략을 간단히 살펴보자.

첫째, 자원의 효율성을 극대화시켜야 한다. 직원의 수를 줄이는 단순한 인원감축으로는 위기를 타개할 수 없다. 오히려 함께해 온 구성원들의 지혜와 창의력을 최대한 살려 경쟁력을 강화해야 한다. 이처럼 인적자원의 효율을 극대화하면 큰 힘이 된다. 위기일 때 오히려 인원을 줄이지 않고, 2배로 일을 하도록 유도해 생산성을 높이고 경쟁력을 키우는 것이다.

우리의 인적자원은 따뜻한 정과 열정적인 끼, 거기에다 지혜와 창의력까지 갖춘 인재들이다. 이러한 인재들의 잠재력을 최대한 끌어내 효율을 극대화하면 엄청난 힘을 발휘할 수 있다. 나는 위기에 봉착한 한국전기초자를 맡았을 때, 이러한 시각으로 위기에 접근해 인원을 한 사람도 줄이지 않고, 그들로 하여금 2배로 일을 하게 유도해 엄청난 성공을 이끌어냈다. 자산도 처분하지 않았고, 사업도 양도하지 않았으며, 주식도 매각하지 않았다.

경영혁신의 두 번째 성공전략은 경영요소의 효율성 극대화다. 불필요하고 비능률적인 경영요소를 과감하게 줄여나가는 것이다. 경영요소의 효율성 극대화는 곧 구조조정 전략으로 이어지는데, 현장에서 검증된 효율적인 7가지 구조조정 전략은 다음과 같다. 특히 한국전기초자처럼 생산공장일 경우 효율성의 극대화는 곧 생산성 향상으로 이어진다.

1) 기계설비 라인의 구조조정 | 이는 곧 생산공정의 구조개선을 의미한다.
2) 제품의 구조조정 | 고객의 요구를 민감하게 파악해 생산하는 제품을 개선한다는 의미다. 한국전기초자의 경우, 기존에는 중소형 TV용 유리 생산에 주력했으나, 제품의 구조조정을 통해 대형 TV나 컴퓨터 모니터용 유리 생산에 주력함으로써 부가가치가 높은 제품을 생산하게 되었다. 그전에는 14인치나 21인치를 주로 만들었지만 시대가 변함에 따라 대형을 선호하는 고객의 필요에 맞춰 29인치나 34인치를 만들고, PC 모니터용 유리를 개발해 생산한 것이다. 이러한 제품의 구조조정으로 경쟁력을 갖출 수 있었다.
3) 금융의 구조조정 | 앞으로 벌고 뒤에서 손해보는 어처구니없는 상황에 맞닥뜨리지 않으려면 차입금을 현명하게 조절해야 한다. 한국전기초자의 경우에도 차입금이 가장 큰 골칫거리였다. 우리는 단기차입금을 장기차입으로 전환하고, 고금리자금부터 우선 상환하여 금리부담을 줄여나갔다.
4) 노사관계의 구조조정 | 이는 그 무엇보다 중요한 구조조정 대상이다. 여태까지는 단결·투쟁·쟁취를 외치는 노조와 엄정대응하겠다는 회사의 대립관계였지만, 그러한 관계로는 혁신을 성공적으로 해나갈 수 없다. 이제 노사가 함께 승리하기 위해 이해와 타협,

고용안정을 보장하는 신노사문화로 발전시켜 나가야 한다.

5) **인력의 구조조정** | 사람을 줄이자는 얘기가 아니다. 있는 인력의 적성과 능력을 정확히 파악해 적재적소에 전환·재배치함으로써, 구성원들로 하여금 자신의 능력을 십분 발휘할 수 있도록 유도해야 한다는 의미다.

6) **기술의 구조조정** | 이는 단기적인 시각이 아니라 장기적인 시각으로 기업경영을 할 때 반드시 달성해야 하는 구조조정이다. 물론 대단히 어렵고 시간도 오래 걸리는 일이다. 하지만 기술 구조조정을 통해 독자적인 기술을 확보하지 못한 채 외국(외부)의 기술에 의존한다면 '재주는 곰이 넘고, 돈은 되놈이 버는' 억울한 상황을 벗어나기 어렵다. 한국전기초자도 내가 가기 전에는 거의 외국 기술에 의존해 1.5%의 로열티를 지불하고 있었다. 그러니 매출이 많아도 순이익은 적었다. 나는 외국 회사와의 기술제휴 관계를 청산하고, 자체기술 개발에 집중하도록 했다. 외국 기술을 사지 않으면 기술료를 주지 않아도 되고 일도 많아진다. 한국전기초자 사람들은 그러한 상황을 이해했고 밤새워 연구에 매달려 '24시간 불이 꺼지지 않는 연구소'를 만들어나갔다.

7) **사고방식의 구조조정** | 이는 모든 구조조정의 바탕이 되어야 한다. 성공의 가장 큰 적은 바로 부정적인 사고다. 부정적인 사고를 능동적이고 적극적인 사고로 바꿔 재무장하면 못할 일이 없다. 뭐든지 할 수 있는 것이다.

'훈화'하지 말고 '대화'하라
오해와 불신을 넘어 노사화합으로

"기업을 경영하면서 가장 어려운 문제가 무엇입니까?"

다른 나라라면 모르지만 우리나라에서 기업경영인들에게 이 질문을 던지면, 한시도 지체하지 않고 나오는 대답이 바로 '노사문제'다. 호황국면이든 불황국면이든, 나라 안팎의 경제동향이 불리하든 유리하든 아랑곳없이 '노(勞)'와 '사(使)'의 관계는 언제나 문젯거리라는 얘기다.

이는 노동자들에 대한 사용자의 불신이 그만큼 깊다는 얘기다. 그러면 노동자들은 어떤가? 그들 역시 자신의 노동에 대한 대가를 제대로 받지 못하고 있다고 믿어 의심치 않는다.

노사문제가 이렇듯 문젯거리이다 보니, 우리의 경영풍토에서 회사경영을 맡은 전문경영인(CEO)의 능력은, 이미 '고전'으로 인식돼

온 이 불신의 문제를 어떻게 해소하고 조율하느냐에 따라 판가름나기 마련이다.

★ ★ ★

이처럼 노사관계에 뿌리 깊은 문제가 있다면, 특히 우리나라에서 유독 그 정도가 심각하다면, 이는 사용자의 노동자에 대한, 혹은 노동자의 사용자에 대한 인식이 바람직한 틀을 잡지 못하고 있다는 얘기가 될 것이다.

나는 이처럼 왜곡된 노사관계의 원인을 일차적으로는 '가부장적 온정주의' 때문이라고 진단한다. 노사화합은 대단히 중요하다. 그러나 원칙에 입각한, 공정한 계약과 거래를 바탕으로 했을 때만 그 화합이 진정으로 생산효율을 향상시키고 기업의 경쟁력을 높일 수 있는 원천이 된다. '가족적인 분위기'니 '화합'이니 하는 구호를 소리 높여 외치는 사업장일수록, 쟁의가 발생했을 때 험한 꼴로 무너져 신뢰기반의 허약성을 드러내는 경우를 자주 목격하게 된다.

노조 쪽은 사용자 측과 본격적인 협상을 시작하기도 전에, 가장 극단적인 방법이라고 할 수 있는 파업부터 벌이고 본다. 사용자 측 역시 일단 '엄정대응'이라는 엄포를 놓는다.

그런 다음 이른바 물밑교섭에 들어가는데, 기실 근로여건 개선이나 생산효율성 향상 등의 핵심현안은 후순위로 밀려나고, 불법파업에 대한 민형사상의 책임을 묻지 않겠다는 각서를 교환하느니 마느니 하는 문제로 금싸라기 같은 시간을 허비한다.

결국 사용자는 '좋은 게 좋은 것'이라는 온정주의를 발휘해 정상참작 따위의 이면합의서를 노조 측과 교환한 뒤 대강 마무리짓는다. 우리나라 사업장에서의 분규해결이 대체로 이런 식이다.

그렇다면 기업경영을 책임지는 CEO나 기업주가 왜 노조에 대해 법규에 명시된 원칙대로 대처하지 못하고, 노동자들 역시 출발부터 전투적인 구호를 내걸고 극단의 대결구도로 나오는 것일까?

나는 그것이 상시적인 대화의 부족에서 기인한다고 생각한다. 사용자나 노동자 모두 '노사간의 대화'라는 것은 정례적인 임금협상 시기 혹은 쟁의가 발생했을 때만 필요하다고 생각한다. 서로 일상적으로 대화를 나눌 수 있는 제도와 장치를 갖춘 다음, 작고 사소한 불만부터 상시적으로 해소해 나가려는 노력을 하지 않는 것이다.

상호간에 깊이 뿌리박힌 불신을 해소하기 위해서는 대화의 채널이 항상 열려 있어야 한다. 여기에서 한 가지 잊지 말아야 할 것이 있다. 내가 말하는 상시 대화체제란 경영책임자와 노조간부 몇 사람 간의 '화기애애'한 관계 유지를 일컫는 것이 아니다. 모든 구성원 상호간의 대화가 막힘 없이 위에서 아래로, 아래에서 위로, 또 수평적으로 흘러가야 한다는 얘기다.

★ ★ ★

기업체의 모든 구성원이 자신의 일과 자리에 대해 주인의식을 갖도록 하려면 CEO의 솔선수범과 열린경영이 대전제가 되어야 한다. 회사의 경영현황에 대한 자료들을 캐비닛이나 비밀금고에 감춰둘 것이 아니라, 모든 구성원에게 과감하게 공개해야 한다. 기업의 중장기적인 비전을 투명하게 제시하고, 분담해야 할 고통이 있다면 용기 있게 협조를 구해야 한다. 경영현황에 대한 정보의 차단으로 노동자들의 불신을 키워 결국 극렬한 노사분규를 야기하는 경우가 많다.

솔선수범과 열린경영을 실천하는 CEO, 투쟁 일변도의 자세에서 벗어나 합리적인 목표를 설정하고 대화에 나서는 노조, 그리고 노사 어느 쪽에도 편향됨 없이 엄격하게 법을 적용하는 정부……. 내가 소망하는 우리 경제주체들의 모습이다.

원만한 노사관계는 기업의 경쟁력을 키워나가는 데 있어서 절대적이고도 가장 중요한 요소다. 나는 한국전기초자에 있을 때, 정기적인 경영현황 설명회를 통해 내가 직접 전직원에게 회사의 현재 모습을 낱낱이 설명했다. 정기적이든 부정기적이든 출장을 다녀오면 그 내용까지도 일일이 알렸다.

1999년 이후 대주주가 된 아사히글라스 측이 경영간섭을 해올 때, 도쿄·후쿠오카·부산 등지에서 있었던 회담의 내용도 주주나 임원들만이 아니라 전직원에게 가감 없이 다 전달했다. 그것은 내가 평소 강조하던, 노사 구분 없이 모두가 주인된 정신으로 일하자는 신념에 따른 행동이었다.

대립적인 노사관계의 결과는 노사 그 어느 쪽에도 긍정적이지 못한 참담한 현실로 나타나기 마련이다. 노사 모두가 주인된 정신으로

서로 구분 없이 매진할 때 그 기업은 전진해 나갈 수 있다.

이전까지 강성노조였던 한국전기초자는 내가 부임한 뒤로 새로운 노사협력 관계를 정립해 나갔고, 그것은 한국전기초자의 부활에 가장 큰 힘이 되었다. 하지만 가끔은 이미 20세기의 유물이 되어버린 노사대립 감정의 흔적이 보였고, 그로 인해 생산 분위기마저 흐트러지기도 했다. 그럴 때마다 나는 직접 직원들에게 호소했다.

"과거에 집착하는 사람은 새로운 시대에 부응하지 못합니다. 아직 그런 사람이 남아 있다면 이 회사의 선량한 모두를 위해서 회사를 떠나거나, 아니면 적극적으로 새로운 생각으로 무장하도록 스스로 노력을 기울여나가야 할 것입니다. 거듭 강조하지만, 원만한 노사관계란 기업경쟁력을 키워나가는 데 있어 절대적이고도 가장 중요한 요소입니다."

★ ★ ★

그런데 왜 노사가 화합하기가 그토록 어려운 것일까?

거기에는 '오해'라는 단순한 답이 숨어 있다.

상대방과 금방이라도 드잡이를 할 것 같은 태세로 얼굴을 붉히면서 방으로 들어갔던 사람이 한참 뒤에 멋쩍은 미소를 띠며 밖으로 나온다. 그러고는 불안하게 지켜보고 있는 제3자들에게 이렇게 말한다. "얘기를 해보니까 사실은 그것이 아니던데……."

우리 생활 주변에서 종종 볼 수 있는 장면이다. 허심탄회하게 대화를 해보니 '그것이 아닌 것'을 지금껏 '그것'으로 오해하고 불신을 키워왔다는 얘기다.

그렇다면 오해와 불신은 어떻게 생겨났을까?

개인과 개인 사이에 오해가 생겨 싹튼 불신이야 두 사람의 소통에만 문제를 유발한다. 그러나 노동자와 사용자 사이에 생긴 불신은 양쪽 당사자들뿐 아니라, 회사와 관계를 맺고 있는 수많은 사람들에게 막대한 피해를 입히게 된다. 쌍방의 커뮤니케이션 부재가 개인과 개인 간, 조직과 조직 간의 관계에서 엄청나게 다른 양태로 나타날 수 있음을 보여주는 대목이다.

일반적으로 노사갈등이란 노동자들의 대표인 노조와 최고경영자 사이의 문제라고 인식된다. 그렇지만 나는 그런 인식에 찬성하지 않는다. 생산현장에는 요소요소마다 단위조직의 책임을 맡은 라인장, 팀장, 과장, 부장(사업장에 따라 명칭은 각각 다를 수 있다) 등의 중간관리자가 있다. 그런데 이들은 대부분 노사갈등이 발생했을 때, "그것은 노조위원장과 사장이 알아서 해결할 문제"라며 뒷짐지고 빠져버린다.

나는 중간관리자들의 이런 태도야말로 노사관계를 악화시키는 근본원인이라고 생각한다. 예를 들어 10명의 인원을 관리하는 사람이라면, 그 10명의 구성원과 회사의 관계를 책임져야 한다는 뜻이다. 단위조직의 책임자로서 지휘, 통솔, 감독의 의무가 있는 사람들은 넓게 보았을 때 모두 사용자의 범주로 분류해야 마땅하다. 노동자들의 요구와 불만과 고민은 그들이 수행하고 있는 노동의 환경과 성격에 따라 다양한 양상을 띠기 때문에, 오히려 단위조직을 책임지고 그 사정을 잘 아는 현장책임자들이야말로 회사의 입장을 사원들에게 전달하고, 또 그들의 요구를 최고경영자에게 매개할 가장 유리한 위치에 있는 사람들이다.

물론 그 현장책임자와 그가 관리하는 직원들 간에는 상시적으로 대화가 이루어져야 한다. 평상시에 전혀 대화를 나누지 않는 관리자들에게 어느 날 갑자기 직원들과 대화를 하라고 한다면 흉금을 터놓는 대화가 이루어질 리 없다.

CEO는 중간관리자들에게 현장의 노동자들과 상시적으로 대화를 나누라고 요구하기 전에, 그들이 대화에 임할 수 있는 지식과 자세를 제대로 갖추었는지 점검하고 교육해야 한다.

현장의 라인장이나 팀장에게 노동3권과 노동3법이 무슨 내용인지 물었을 때, 상세한 내용은 고사하고 그 단순한 6개 항목을 제대로 대답하는 사람이 얼마나 될까? 이래서는 노동자 개개인의 고충과 요구와 불만에 대응하기 어렵다. 잘 교육된 팀장이 팀원 개개인과 무시로 대화를 나누고, 과장이 과원들과, 부장이 부원 전체와 효율적이고 흉허물 없는 대화를 나눔으로써 회사 전체가 이중삼중의 촘촘한 '소통의 네트워크'로 짜여지도록 해야 한다.

그래야만 '그것이 아닌 것'을 '그것'으로 오해하는 일이 생기지 않는다. 현장책임자들이 제 역할을 방기하면 노동자 개개인의 오해와 불신이 커지기 마련이다. 거기에서 파생된 수많은 '그것'들이 거대한 덩어리가 돼 회사의 명운을 좌우할 심각한 갈등이 되고, 극렬한 노사분규로 이어진다는 사실을 잊어서는 안 된다.

★ ★ ★

　노동자와 대화를 할 때 가장 중요한 것은 쌍방통행이다. 서로 주고받는 '소통'이 되어야지, 일방적으로 '훈화'를 해서는 안 된다는 얘기다.
　혼자 중얼거리는 독백을 빼놓고는 말〔言〕이란 모름지기 그것을 들어줄 상대가 있어야 한다. 상대가 누구냐에 따라 오고가는 말의 모양새가 달라진다. 권위주의 시절, 라디오를 통해 발표되거나 골목길 담벼락에 나붙었던 대통령담화는, '대국민'이라는 수식어가 붙어 있긴 했지만, 그 말을 듣는 사람이 '대꾸'할 통로를 갖지 못했기 때문에 매우 일방적이고 일회적이었다. 조회시간, 운동장에 부동자세로 서서 듣던 교장선생님의 말씀 역시 상대를 가르침의 대상으로 상정한 일방적인 훈화였기 때문에 그저 지루할 뿐이었다.
　노사간의 관계에서도 마찬가지다. 노사간의 현안을 풀어가는 과정에서는 우선 상대에 대한 자신의 의식을 점검해야 한다. 상대가 일방적으로 지시를 하거나 가르칠 수 있는 대상이 아니라, 이해가 상충되는 동등한 관계라는 사실을 인식해야 하는 것이다. 사용자는 노동자가 담화나 훈화의 대상이 아닌 '대화'의 상대임을 깨달아야 한다는 얘기다.
　대화란 서로 마주보고 직접 나누는 이야기다. '마주본다'는 것은 상대방과 똑같은 입장에 서야 한다는 대화의 자세와 마음가짐을 말하고, '직접 나누는 이야기'라는 것은 대화의 내용을 말한다.

마주보기 위해서는 양쪽 당사자가 같은 위치에 있어야 한다. "나는 조직구성원과 수시로 대화를 한다"고 얘기하는 사람들도, 속을 들여다보면 자신은 높다란 회전의자에 앉아 '불려들어온' 상대를 내려다보면서 자기 입장만 일방적으로 설파하는 예가 적지 않다.

우선 직급이 높은 사람이 먼저 상대와 같은 높이, 같은 위치의 라운드테이블로 내려와야 한다. 거기서 각기 공평하게 1인분씩의 좌석에 앉아 대화에 임하는 것이 효율적인 대화의 자세다. 터놓고 얘기할 수 있는 분위기는 전적으로 윗사람이 만드는 것이다.

분위기가 이렇게 조성된 다음에는 대화의 내용에 신경을 써야 한다. 아무리 상대와 소주잔을 놓고 마주앉았다고 해도 이야기 자체가 일방통행식이어서는 그것을 '대화'라고 부르기 어렵다.

기본적으로 대화의 자리를 '내가 말하는 자리'가 아닌 '상대의 얘기를 듣는 자리'로 인식할 필요가 있다. 나는 대화의 효율을 높이기 위해서는 상대가 모르는 내용을 재미있게 말해야 한다고 생각한다. 그것이 경영현황이 됐든, 회사의 비전에 관한 것이든, 아니면 상대와 공감대를 다지기 위해 꺼낸 세상잡사에 관한 화제이든…….

'입을 열면 침묵보다 뛰어난 것을 말하라. 그렇지 않다면 가만히 있는 편이 낫다'라는 독일 속담이 있다. 뻔히 아는 얘기를 중언부언하는 것은 잔소리이고, 상대방으로 하여금 귀를 닫아버리도록 만든다. 침묵보다 뛰어난 이야기가 되기 위해서는 상대가 모르는 것을 탁자 위에 차려놓고 먹음직스러운 모양새로 전달해야 한다.

★ ★ ★

'구르는 돌에는 이끼가 끼지 않는다'라는 격언을 두고 영국과 미국 사람들이 서로 다르게 받아들인다는 이야기를 들은 적이 있다. 먼저 영국 사람들은 돌이 이리저리 굴러서야 어떻게 귀중한 이끼가 낄 수 있겠느냐고 해석한다. 반면 미국 사람들은 아메리카라는 신대륙을 찾아 굴러간 사람들이라 그런지, 귀중한 옥돌도 한곳에 박혀 있으면 이끼밖에 끼지 않는다고 생각한다는 것이다.

평소 사물을 대하는 입장에 저마다 차이가 있기 때문에, 대화를 통해 시각을 근접시켜 나가는 노력이 필요하다. 노사관계는 성과를 임금으로 배분하는 과정에서는 서로 이해를 달리하는 대립적 관계가 된다. 이러한 관계는 일회적으로 그치는 게 아니라 끊임없이 순환되고 반복된다. 여기서 '타협'이라는 절충점을 찾아내기란 그리 만만한 일이 아니다. 그렇기 때문에 경영책임자에게 자신을 낮추는 겸양의 자세와 이야기를 흥미롭게 이끌어가는 대화의 기술이 요구되는 것이다.

★ ★ ★

마지막으로 파업문화에 대해 얘기하고 싶다. 대화로는 도저히 해결되지 않아 파업에 돌입하는 경우도 물론 있을 것이다. 하지만 파업의 양상도 이제는 달라져야 한다고 생각한다.

> 청년에게 조언할 세 가지가 있다. 일하라, 좀더 일하라, 끝까지 일하라.

철혈재상(鐵血宰相)으로 익히 알려진 독일의 비스마르크가 한 말이다. 노동에 노소 구분을 둘 필요야 없겠지만, 땀흘려 일하는 현장이야말로 청년이 있어야 할 자리다. 그러나 비스마르크가 오늘의 한국사회에서 숨쉬고 사는 사람이었다면, 그의 말은 어록(語錄)에 등재되기는커녕 그 내용의 무책임성 때문에 바로 그 '청년'들의 질타를 피할 수 없었을 것이다.

오늘날 우리나라의 청년실업은 정말 심각한 상황이다. 고용문제가 좀처럼 풀릴 기미를 보이지 않자 정부에서는 한때 청년실업자 고용에 따른 인센티브제도를 구상했던 것으로 알려졌다. 청년실업자 한 명을 고용할 때마다 대기업에는 540만 원을, 중소기업에는 720만 원을 고용보험기금을 통해 지원한다는 내용이었다.

이러한 제도는 물론 당장의 청년실업 문제를 개선하는 데에는 일정 부분 효과가 있을 것이다. 하지만 일자리가 줄어드는 근본원인을 파악하고 해결책을 찾으려는 노력이 없다면, 그것은 한낱 정치적인 이벤트로 끝나버리고 말 것이다.

실업이 증가하는 원인이야 새삼 머리 싸매고 찾을 필요도 없이 이미 드러나 있다. 인건비가 상승하면서 단순·반복 노동을 필요로 하는 노동집약적인 제조업은 이미 인건비가 저렴한 개발도상국으로 줄줄이 이전하고 있다. 또한 전산화·자동화 등으로 인해 이전보다 훨씬 적은 인력으로도 같은 생산성을 담보할 수 있게 되었다. 그러다 보니 자연히 일자리가 급격하게 줄어들었다.

그리고 국내 기업은 물론이고 외국인 투자자들 사이에도 '한국에서는 돈벌이가 어렵다'는 인식이 퍼져가고 있다. 외국 기업의 한국에 대한 투자기피 현상은 기업활동에 대한 정부의 지나친 규제 등 여러 가지 이유가 있겠지만, 그중에서도 가장 큰 비중을 차지하는 것은 아마 노사문제일 것이다.

내가 만나본 외국 기업의 최고경영자 가운데 상당수가 한국을 '파업공화국'쯤으로 여기고 있었다.

그런데 주한 미국상공회의소의 오벌린 회장은 "노사관계는 한국에서 기업하는 사람들에게 제일 큰 관심거리이자 고민"이라고 하면서도 "한국의 노조결성률이나 파업하는 기간과 횟수는 실제로는 그렇게 많지 않음에도 불구하고 외국에 비치는 인상은 그렇지 않다"라고 했다.

이에 앞서 GM대우의 닉 라일리 사장은 〈파이낸셜타임스〉와의 인터뷰에서 "한국에서의 노사관계는 언론에 보도되는 것만큼 나쁘지 않다"고 밝혔다.

그러나 내가 보기에 연례행사가 되다시피 한, 그것도 대단히 과격한 방식으로 되풀이되는 한국의 파업사태는 기업인의 투자의욕을

꺾는 데 상당한 영향을 미치고 있음이 분명해 보인다. 노동자와 사용자 어느 쪽에 더 큰 책임이 있느냐 하는 문제는 논외로 치더라도 말이다.

외국에 실제보다 더 과장되게 알려져 있는 '파업노동자들'의 이미지에 대해서는 노동자들에게도 어느 정도 책임이 있다고 나는 생각한다. 형형색색의 깃발이며, 붉은 머리띠, 주먹을 내두르며 일사분란하게 외치는 구호들……. 부자나라의 자유시장경제 신봉자들인 외국 투자자들은 언론매체에 비친 그러한 모습을 보면서 공포를 느낄 것이다.

물론 당사자들이야 '생존이 걸린 문제'이니 결연하게 투쟁해야 한다고 할지 모르나, 적어도 우리나라 노동자들의 집회문화만큼은 이제 좀 변화해야 하지 않을까 싶다. 나는 우리 노동자들의 파업 분위기가 '혁명군대'를 연상시키는 모습으로부터 탈피해야 한다고 생각한다. 파업할 기회조차 갖지 못한 '일하고 싶은 청년'들을 생각해서라도 말이다.

성공하려면 그들처럼
어려운 시기에 오히려 성장한 기업의 성공요소

잘되는 집안은 자식들이 부모의 생각을 알아서 스스로 행동하는 집안이다. 잘되는 기업 역시 마찬가지다. 모든 임직원이 CEO의 생각과 회사가 나갈 방향을 이해하고 함께한다면, 그 기업은 분명 잘되는 기업이라고 할 수 있다.

수많은 기업이 위기에 봉착한 그 어려웠던 IMF 구제금융 시기를 생각해 보자. 그 소용돌이에 휘말려 많은 기업이 역사 속으로 사라져갔다. 그러나 그 시기에도 큰 어려움 없이 살아남은 기업이 있고, 또 오히려 경쟁력을 키운 기업도 있다. 그렇다면 그토록 어려운 시기에 오히려 성장한 기업들의 공통점은 무엇일까?

나 또한 그 시기에 퇴출위기에 처한 회사를 맡아 3년 만에 업계1위의 자리에 올려놓은 경험이 있다. 자, 이제 내 경험을 바탕으로 그 공통점을 정리해 보면서 기업경영의 성공요소를 밝혀보자.

★ ★ ★

기업경영의 성공요소, 즉 경영혁신의 성공전략 중 하나는 바로 정보의 공유다. 회사의 모든 정보와 경영상태를 임직원 모두가 함께 공유할 수 있도록 공개하는 것이다. 회사의 정보나 경영상태를 감추거나 왜곡하여 불신이 쌓이게 하면 안 된다. 회사의 모든 경영내용을 투명하게 공개함으로써 회사가 나갈 방향과 구성원 개인이 나가는 방향을 일치시켜 함께 같은 목표를 향해 나갈 때 엄청난 효과를 볼 수 있다.

이것이 바로 열린경영이다. '열린경영'이라는 것은 종업원들에게 경영자가 갖고 있는 것과 똑같은 정보를 제공하고 권한을 부여함으로써 적극적인 참여를 유도하는 것이다.

한국전기초자는 직원들이 3교대를 하는 회사라서 새벽 3시, 오전 9시, 오후 5시 세 차례에 걸쳐 설명회를 갖고 회사현황을 낱낱이 설명했다.

처음에 내가 새벽 3시에 회사현황을 설명하겠다고 하자, "얼마나 오래 그 일이 지속되겠느냐?"며 불신하는 사람도 있었다. 또 "우린 노동을 해서 그 대가만 받으면 되는데, 왜 우리에게 굳이 회사사정을 일일이 설명하려고 합니까? 우리에게 책임을 떠넘기려는 것 아닙니까?"라고 따져묻기도 했다. 그뿐이 아니었다. 일시적인 쇼라고 말하는 사람도 있었다.

하지만 나는 철저히, 처음부터 끝까지 회사의 모든 경영정보를 임직원들과 함께 나누고자 노력했다. 그랬더니 결국 그들도 나의 진심과 신념을 인정했고, 바로 그 시점부터 모든 것이 변하기 시작했다.

'사장이 늘 생산현장에 함께하는구나. 우리만 하는 게 아니구나. 더 열심히 해야겠다.'

'우리 회사도 달라졌다. 그전에는 시키는 대로만 했고, 우리는 늘 빼앗기고 손해보고 당한다고 생각했는데, 이제는 우리가 하는 일이 중요하다고 존중해 주고 우리가 하는 일을 파악하여 그 성과를 평가해 주는, 우리를 사람대우 해주는 회사가 되어가고 있다.'

그런 생각이 확산되기 시작했고 그것은 상상 이상으로 큰 힘을 발휘했다.

이것이 경영정보를 공유하고 열린경영을 실행하는 효과다. 모두가 하고자 하는 의욕을 갖고 함께할 때 놀라울 정도로 큰 힘을 갖게 된다. 우리 한국 사람들은 스스로를 현실의 자신보다 더 잘나고 똑똑하다고 믿고 있기 때문에 다른 사람을 별로 존경하지 않는다. 하지만 회사의 CEO는 존경을 받아야 한다. 그래야 직원들을 한마음 한뜻으로 결집시켜 더 큰 목표를 이룰 수 있는 것이다.

★ ★ ★

열린경영을 통해 회사의 정보를 공유하는 것만으로 혁신의 성공이 보장되는 것은 아니다. 경영혁신의 또 다른 성공전략은 바로 사원교육이다. 공개된 경영정보를 이해하고 경영에 대한 지식을 갖출 수 있도록 사원들을 교육해야 열린경영의 가치가 발휘되는 것이다.

경영이란 레일 위를 달리는 기관차가 아니라 자갈밭을 달리는 자전거와 같다. 즉 안정적인 게 아니라 항상 위태위태하다는 말이다. 자전거의 페달이 바로 경영혁신이고 구조조정이다. 열심히 페달을 밟아야 한다. 밟지 않으면 넘어진다.

경영이란 이처럼 항상 위기에 노출되어 있다. 그렇다면 그 위기를 극복하기 위해서 가장 먼저 할 일은 무엇인가? 그것은 바로 그 위기를 인식하는 것이다. 위기를 늘 피부로 느껴야 한다는 얘기다. 경쟁사는 어떻게 하고 있으며 세상은 어떻게 변화하고 있는지, 고객은 무엇을 원하고 그 요구는 어떻게 변화해 가는지를 생각하면 잠이 오지 않을 정도로 해야 할 일이 많다.

그래서 위기를 느끼는 사람은 스스로 일을 찾아서 하게 된다. 조직구성원들이 시키니까 마지못해 일을 하는 회사라면 결코 성공하지 못한다. 리더십 이론, 최고경영자 이론, 조직문화 이론의 대가인 미국 하버드대 비즈니스스쿨 교수 존 코터(John Kotter)는 "혁신을 계속적으로 해나기 위해서는 위기감을 지속적으로 유지할 수 있어야 한다"고 말한다.

그렇다면 혁신을 하기 위해 위기를 조장해야 하는가? 없는 위기를 조장해서도 안 되지만, 조장할 필요도 없다. 둘러보면 다 위기이기 때문이다.

위기를 극복하기 위해서는 구성원들로 하여금 위기를 느끼고 잠재능력을 발휘하게끔 유도해야 하는데, 그 책임은 전적으로 CEO의 몫이다. CEO의 역할은 무엇보다 먼저 종업원이 회사를 이해하고 일을 할 의욕을 느끼도록 북돋우는 것이다. 즉, 조직의 CEO는 좋은 인적자원이 자신의 능력을 120% 발휘하게 만들어야 한다.

어떻게 보면 우리 국민들은 아직까지 걸맞은 CEO를 만나지 못한 것인지도 모른다. 우리 한국인들은 지혜롭고 창의적이며 부지런하고 뛰어나다. 그런데 그러한 우리 민족을 잘 이끈 지도자는 별로 없었다. 그래서 수차례 외침도 당했고 부끄럽고 참담한 식민지역사도 있었던 것이다.

내가 한국전기초자에 부임한 초창기에는 "차입금도 많고 기술도 없고 노사관계도 불안하고, 회생하지 못할 것이라는 평가도 받았고, 우리가 만드는 제품은 쇠퇴기에 들어갔으니, 우리는 결코 살아남을 수 없을 것이다"라는 비관주의와 무기력증이 팽배해 있었다. 하지만 그 현실을 다 공개하고 지속적으로 철저히 대화하다 보니 사원들도 나도, 우리가 해야 할 일이 무엇인지 알게 되었다.

그러한 과정을 통해 대화의 필요성과 가치를 알게 된 것이다. 경영자와 종업원 서로간에 많은 대화를 통해 문제점을 공유하는 것이 성공경영의 출발점이다.

보편적으로 직급이 높은 사람들은 등받이가 높은 의자에 몸을 비스듬히 누이고 앉아 불려온 사원을 앞에 세워놓거나 작은 의자에 엉거주춤 앉혀놓고, 말로는 '터놓고 얘기하자'고 한다. 하지만 이런 상황에서 마음을 다 터놓는 대화가 이루어질 리 만무하다. 마음이 움직이지 않기 때문이다. 대화를 할 생각이라면 상대방과 같은 위치에 앉아야 한다. 한국전기초자에서 나는 내 방에 책상을 두지 않았다. 라운드테이블만 하나 두고 거기서 일도 하고 사원들과 대화도 했다.

또 한 가지, 대화는 재미있어야 한다. 대화에 집중하기 위해서는 서로 지금까지 들어보지 못한 재미있는 이야기로 대화를 채워나가야 한다. 그런데 그렇게 재미난 이야기를 하려면 폭넓게 공부를 해야 한다. 다양한 분야의 책을 읽어야 하는 것이다.

★ ★ ★

언젠가 일본 야마가타현의 마루콘이라는 회사를 방문해 그 회사의 사장과 대화를 하다가 잔뜩 무안을 당한 기억이 있다. 내가 취미가 독서라고 하자 그는 정색을 하고 충고했다.

"독서가 하고 싶으면 하고 말고 싶으면 마는 취미입니까? 독서는 생활이지요. 생활은 일상적으로 하는 것입니다. 책은 읽고 싶으면 읽고 말고 싶으면 마는 취미가 아니라 생활이에요. 책은 요람에서 무덤에 갈 때까지 읽어야 합니다."

그 말을 들으면서 얼마나 부끄러웠는지 모른다. 그래도 책을 적지 않게 읽는 편이라 자부하던 나로서는, 책읽기를 식사나 수면처럼 생활로 생각하고 있는 일본인 앞에서 반성할 수밖에 없었다.

독서로 대변되는 공부는 평생 동안 해야 한다. 이는 모두들 알고 있는 것이지만, 실천하는 사람은 사실 그리 많지 않다. 나는 평생, 죽을 때까지 공부를 해야 한다고 생각한다. 뿐만 아니라 직급이 올라갈수록, 즉 책임이 커질수록 공부를 많이 해야 한다고 생각한다.

평상시에 폭넓은 공부를 하지 않으면 이야깃거리가 없고, 그래서 대화를 통해 공감대를 형성하지 못한 채 일방적으로 "니가 아는 게 뭐 있냐? 시키는 대로 해"라고 지시를 하게 되는 것이다.

구성원들이 자신의 능력을 최대한 발휘할 수 있도록 동기를 부여하고 분위기를 조성하는 게 바로 CEO의 역할이다. 직원들이 신나게 자신의 일에 집중하면 기업의 성공은 저절로 따라오게 된다.

나는 구성원들이 마음껏 능력을 발휘할 수 있도록 유도하는 방법으로 대화만큼 좋은 것을 알지 못한다. 대화를 많이 하면 다른 사람을 이해하게 되고, 함께 최고의 효율을 발휘할 수 있는 방법을 찾아내게 된다.

그런데 우리나라 사람들은 다른 사람을 잘 이해하지 못한다. 남이 무슨 이야기를 하면 들으려고 하지 않고 무조건 자기주장으로 덮어버리려는 잘못된 습관에 젖어 있다. 그러니 대화가 안 되고, 몇 사람만 모이면 고성이 오가고 싸움이 일어난다. 그래서 처음 대화 분위기를 조성하기가 쉽지 않다. 그러나 계속 노력하다 보면 불가능한 일도 아니다. 그렇게 한번 서로를 이해하기 시작하면 관계가 한없이 깊어지는 게 또 우리 한국인의 특성이다.

사람은 동물과 다르다. 동물은 두꺼운 가죽과 두터운 털이 온몸을 덮고 있지만, 사람은 털도 없고 피부도 약하다. 그것은 '너희는 온몸으로 평생 땀흘려 일하라'는 뜻이다. 땀흘려 일하는 모습이 인간의 가장 아름답고 훌륭한 모습이다. 그 일을 통해 우리는 무엇이든 이룰 수 있다. 그래서 만물의 영장 아니겠는가.

공부에 게으르지 않으면 '앎'에 도달한다. 하지만 단순히 '아는 것'에 그치면 안 된다. 안다는 것은 '행하는 것'의 시초에 불과하다. 아는 것을 행동으로 옮겨야만 비로소 이룰 수 있는 것이다. 그러니 아는 것을 행하는 힘을 길러야 한다.

『논어(論語)』의 「학이(學而)」편 첫 구절에는 공부와 실천의 중요성이 잘 드러나 있다.

學而時習之不亦說乎(학이시습지불역열호)
有朋自遠方來不亦樂乎(유붕자원방래불역락호)
人不知而不慍不亦君子乎(인부지이불온불역군자호)
배우고 때때로 익히니 어찌 기쁘지 않으랴.
먼 곳에서 벗이 찾아오니 어찌 즐겁지 않으랴.
사람들이 알아주지 않아도 노여워하지 않으니 어찌 군자가 아니겠는가.

다들 너무나 잘 알고 있는 구절이지만 생활철학으로 실천하고 있는 사람은 많지 않다. 그러나 성공한 사람들은 거의가 실천하고 있는 명언이다.

신영복 선생이 쓴 『강의』를 보면 이 구절에 대한 설명이 있는데,

'습(習)'에 관한 해석이 무척 인상적이다.

> (……) 다음으로 지적하고 싶은 것이 '습(習)'에 관한 것입니다. 중요한 것은 이 '습'을 복습(復習)의 의미로 이해해서는 안 된다는 것입니다. '습'의 뜻은 그 글자의 모양이 나타내고 있듯이 '실천(實踐)'의 의미입니다. 부리가 하얀[白] 어린 새가 날갯짓[羽]을 하는 모양입니다. 복습의 의미가 아니라 실천의 의미로 읽어야 합니다. 배운 것, 자기가 옳다고 공감하는 것을 실천할 때 기쁜 것이지요. 『논어』에는 이곳 이외에도 '습'을 '실천'의 의미로 읽어야 할 곳이 더러 있습니다. (……)
> 어쨌든 '학이시습지(學而時習之)'의 습은 실천의 의미로 읽는 것이 좋다고 생각합니다. 따라서 시(時)의 의미도 '때때로'가 아니라 여러 조건이 성숙한 '적절한 시기'라는 의미로 읽어야 합니다. 그 실천의 시점이 적절한 때임을 의미한다고 할 수 있습니다. (……)

항상 배우고, 배워서 알게 되고, 옳다고 생각하는 것을 실천하는 것! 그것이 바로 기업이든 사람이든 성공한 경우들의 공통점인 것이다.

성공하는 조직에 있어서 무엇보다 중요한 것은, 회사의 정보를 공유하고 원활한 대화를 통해 위기를 공감하고, 스스로 해야 할 일이 무엇인지 찾아서 각자가 최선을 다해 열심히 일하는 모습이다. 종사하는 업종이 무엇이든 상관없이 그런 회사가 성공한다.

새로운 도전, 동원시스템즈

동원시스템즈는 한국전기초자와 달랐다.
위기감이 전면으로 노출되어 있지도 않았고, 내가 지금까지
일해온 제조업 분야가 아니라 최첨단 통신산업체였다.
하지만 나는 현장에서 뛸 힘이 남아 있었다. 사회가 필요로 하는
모습으로 내 삶을 사용할 수 있다는 것은 얼마나 멋진 일인가.

"

한국전기초자에서의 3년보다 동원시스템즈에서의 4년이 더 힘겨웠다.
눈에 보이는 재고, 수천억 원의 차입금과 미지급금, 퇴출1호라는 위기의식이
팽배했던 한국전기초자와는 달리 동원시스템즈는 직원들 스스로
"이만하면 괜찮지"라는 자만심에 빠져 있었기 때문이다.

"

내 능력을 필요로 하는 곳에서
아직 현장에서 뛸 힘이 남아 있다

요즘 들어 매스컴에 자주 등장하는 단어 중 유난히 내 관심을 끄는 게 있다. 바로 '고령화'라는 말이다. 많은 사람들이 현재 우리 사회가 당면한 심각한 문제로 고령화·저출산·양극화 등을 꼽는데, 내 나이 이제 고희를 앞두고 있으니 자연히 '고령화'에 관심이 간다.

얼마 전 모방송의 특별기획 프로그램을 보니, 예순을 막 넘긴 한 여성이 "나이를 먹고 나니 고려장을 왜 했는지 이해가 간다"고 말하는 장면이 있었다. 그 이야기를 들으며 오만 가지 생각이 교차했다. 의학의 발달로 평균수명은 자꾸 늘고, 그리하여 노인인구는 점점 많아지는데, 정작 그 노인들은 길어진 여생을 무얼 하며 어떻게 살아야 할지 모른 채 허공만 바라보고 있다.

나는 고령화문제를 풀어갈 가장 중요한 열쇠는 결국 본인이 쥐고 있다고 생각한다. '아름답게' '멋있게' 나이들어갈 수 있도록 당사자부터 준비를 해야 한다. 자기 자리에서 밀려난다는 생각을 버리고, 다른 무대로 옮겨 다른 역할을 맡게 된다고 생각해야 한다. 그러면서 실질적인 방법을 미리미리 익혀두어야 하는 것이다.

하지만 이러한 개인적인 노력만으로는 고령화문제를 해결하기 어렵다. 노인층이 경제활동이든 비경제활동이든 간에 어떤 활동을 함으로써 자신이 그동안 쌓아온 노하우를 사회에 환원할 수 있도록 유도하고 장려하는 사회 분위기와 제도적 장치가 마련되어야 하는 것이다.

여기서 고령화문제를 계속 논할 생각은 없다. 어쨌든 우리는 '오늘'을 열심히 살아야 하고, 나이라는 사회적 편견의 감옥에서 당당하게 자유로워야 하며, 죽음이 아름다운 이별이 될 수 있도록 늘 준비해야 하는 '사람'이라는 존재다.

★ ★ ★

한국전기초자를 그만두고 나오자, 주변의 많은 사람들이 "이제 그만 여유를 즐기라"며 진심어린 조언을 해주었다. 반평생을 열심히 일만 해왔으니, 이제 즐길 만도 하고 또 마땅히 즐겨야 한다는 것이었다.

하지만 그런 조언은 나의 관심을 끌지 못했다. 무엇보다 나는 일 자체를 즐겼으며, 일을 하는 데서 존재감을 느껴왔다. 또 일에 대한 정의는 뒤로 미룬다 하더라도, 아직 무대를 옮길 때가 아니라고 생각했다. 즉, 방법을 바꿔 내 존재의 이유를 증명하기에는 아직 이르며, 여전히 경영일선에서 내가 할 일이 있다고 판단했다.

마라톤경기를 볼 때마다 정말 이해하기 어려운 장면이 있다. 결승선에 1등으로 골인한 선수는 왜 환하게 웃으면서 깃발을 들고 운동장 트랙을 한 바퀴 도는 걸까? 그럴 힘이 남아 있었다면 경주중에 더 열심히 뛰어서 더 좋은 기록을 냈어야 하지 않는가?

나는 이 이야기를 우리 사원들에게 자주 해준다. 더 좋은 결과를 낼 수 있는 힘이 아직 남아 있다면 최선을 다한 것이 아니라고. 마찬가지로 현장에서 더 해내야 할 역할이 있고 그것을 해낼 능력이 된다면, 관습이나 다른 이유 때문에 중도하차해서는 안 된다. 마라톤도 그렇겠지만, 어떤 일을 할 때는 자신의 힘과 능력을 100% 사용해야 한다는 뜻이다. 그것이 하나의 프로젝트일 때도 그렇고, 인생 전체를 놓고 볼 때도 마찬가지다.

나는 아직 현장에서 뛸 힘이 남아 있었고, 그럴 만한 이유도 충분히 있다고 생각했다. 그래서 나는 아주 기꺼운 마음으로 이스텔시스템즈의 사장직을 맡았다. 사회가 필요로 하는 모습으로 내 삶을 사용할 수 있다는 것은 얼마나 멋진 일인가.

★ ★ ★

1980년 5월 성미전자라는 이름으로 기업활동을 시작한 이스텔시스템즈는 91년 벤처기업 대상을 수상하는 등 꽤 확고하게 자리를 잡기 시작했다. 93년 상장을 한 이후로는 통신장비업체의 선두자리를 지키면서 탄탄대로를 달렸고, 2000년 이스텔시스템즈로 상호를 변경하면서 제2의 도약을 시작했다. 그리고 2005년 2월 동원이엔씨를 흡수합병하면서 동원시스템즈로 상호를 바꿨다.

이렇듯 오랜 역사를 가진 이스텔시스템즈는 창립 이래로 한국 통신산업 발전에 많은 기여를 해왔다. 1997~98년의 외환위기 상황에서도 비용절감 등의 구조조정을 통해 위기를 슬기롭게 극복하고 이익을 실현해 왔다. 당시에는 정부에서 국내 산업을 보호하면서 국내 업체가 개발한 제품을 우선 구매해 주는 제도를 시행했기 때문에, 사실 판로문제로 어려움을 겪지는 않았다.

위기를 무사히 넘긴 이스텔시스템즈는 1999년 들어 종합 통신장비업체로 도약하기 위해 많은 개발비를 투입하고 인원도 대폭 충원하면서 확대경영을 시행했다. IMT-2000기지국 개발, DSLAM(디지털가입자 접선장치), 단말기(MODEM) 등의 신규사업에 진출하기 위해 인적·물적으로 대대적인 투자를 감행한 것이다.

다행인지 불행인지, 마침 회사가 보유하고 있던 주식이 폭등해 이중 일부를 매각하여 투자재원을 확보할 수 있었으며, 보유하고 있는 잔여 주식에 대한 평가이익도 1,300여 억 원에 달했다. 정확한 자기판단이 흐려지고 자만심에 빠질 여건이 마련된 것이다.

1999년 말부터 국내 통신사업자들은 본격적으로 인터넷사업에 투자하기 시작했다. 이스텔시스템즈도 본격적으로 해외의 유수한 통신장비업체인 루슨트테크놀로지스(Lucent Technologies), 시스코시스템즈(Cisco Systems), 알카텔(Alcatel), 노텔(Nortel) 등으로부터 장비를 도입해 통신사업자들에게 판매하기 시작했다.

2000년에 들어서면서 ADSL(비대칭 디지털 가입자 선로장치) 가입자가 폭주하면서 매출액도 대폭 증가했다. 도입장비 매출액이 전체 매출액의 80% 이상을 차지하게 된 것이다. 이로 인해 이익이 증가하자, 많은 연구인력을 신규로 채용해 개발프로젝트에 집중적으로 투입하게 되었다.

그해 5월에는 중국 정부가 기존 GSM방식에 추가로 CDMA방식의 서비스를 허가함에 따라, 중계기시장이 확대될 것으로 판단하고 중국 상하이에 합작법인을 설립했다. 본격적으로 중국 시장에 진출하기로 한 것이다.

그러나 국내 업체간의 경쟁이 과열되면서 가격이 폭락하였고, 중국 현지업체까지 등장해 어려움을 겪을 수밖에 없었다. 게다가 판매대금도 제대로 회수하지 못하게 되면서 막대한 손실을 떠안고 말았다. 이는 이스텔시스템즈만의 문제가 아니었다. 당시 국내 중계기업체 대부분이 대금 미회수로 인해 엄청난 손실을 보았다.

★ ★ ★

문제는 거기서 멈추지 않았다. 2000년 말부터 ADSL 가입자가 폭증하면서 통신사업자가 요구하는 납기를 맞추기가 어려워지자, 이스텔시스템즈는 많은 물량을 사전에 발주하여 확보해 두고 있었다. 그런데 K통신사업자가 2001년 상반기 계약물량의 일부(30%)를 해지하고, 하반기 물량을 조기입찰을 통해 저가로 구매함으로써 큰 타격을 받게 되었다.

2001년 4월 초, 대만의 중화텔레콤에서 ADSL 입찰을 실시한 결과, 알카텔에 회선당 180달러(원화 25만 원)로 낙찰되었다. 그러자 K통신사업자는 전년도 말에 계약한 회선당 300달러(원화 40만 원)가 지나치게 비싸다고 판단, 이미 계약한 물량의 30%를 해지하고 하반기 물량을 재입찰에 부친 것이다. 그 결과, S전자에 회선당 15만 원으로 낙찰되었다.

이로 인해 이스텔시스템즈는 가격인하에 따른 손실과 함께 사전에 확보해 둔 재고자산의 평가손실 때문에 약 400여 억 원의 손실을 고스란히 떠안게 되었다.

가격하락에 따른 손실을 줄이기 위해, 장비 공급업체인 미국 시스코시스템즈에 이미 도입한 장비에 대한 손실부담을 수차례 요청했으나, 결국 협상에 실패해 손실을 전부 부담하게 된 것이다.

이스텔시즈템즈뿐 아니라 대다수 통신장비업체의 경영에서 가장 어려운 문제는 재고문제다. 이는 통신사업자의 구매제도에 그 원인이 있다 하겠다. 통신사업자들은 대개 계약 후 1~2개월 안에 납품을 하라고 요구한다. 이는 통신장비업체로서는 무리하게 짧은 기간이기 때문에, 그들의 납기에 맞추기 위해서는 계약 이전에 재고를 확보할 수밖에 없다.

그나마 낙찰이 되면 다행이다. 그러나 입찰에서 탈락했을 경우에는 '울며 겨자 먹기'로 입찰가를 원가 이하로 인하할 수밖에 없다. 이미 확보해 둔 재고를 처리하려면 그 방법밖에 없기 때문이다. 특히 통신장비는 끊임없이 개량·개선되기 때문에, 사전에 확보한 재고는 용량과 속도 면에서 신제품에 비해 크게 뒤떨어질 수밖에 없다. 처리하지 못한 재고는 결국 불용재고로 쌓이고, 그와 함께 경영부담도 쌓여가는 것이다.

이스텔시스템즈도 예외는 아니었다. 위와 같은 이유로 재고를 폐기하거나 평가손실 처리한 금액이 1999년에서 2002년 사이 350여억 원에 달했다.

그뿐만이 아니었다. 2001년 5월에는 이스텔시스템즈에서 투자했던 이동통신사업자 해피텔레콤이 부도나고 말았다. 이스텔시스템즈는 출자지분(113억 원)을 회수할 방법이 없어졌고, 지급보증했던 30억 원까지 대지급하면서 재무상태가 더욱 악화되었다. 이로 인해 신용등급이 '투기등급'으로 하락했다.

또한 의욕적으로 투자했던 개발프로젝트들이 개발에 실패하거나 시장진입을 못함으로써 경영상태는 악화일로를 달리게 되었다.

9회말 구원투수로 나서다
나는 팀을 승리로 이끌어야 한다

　내가 부임한 2002년에도 이스텔시스템즈의 상황은 더욱 심각해지고 있었다. 무리한 물량확보로 인해 재고가 산더미처럼 쌓여 있었고, 무모한 개발 프로젝트 추진 때문에 현금유동성에도 문제가 발생한 상태였다.

　물론 내가 부임하기 전에도 이스텔시스템즈는 악화된 경영상태를 회복하기 위해 이런저런 노력을 해왔다. 증권사를 통해 P-CBO(회사채담보부증권)와 P-CLO(대출채권담보부증권)를 발행해, 2001년 8~12월 총 540억 원의 자금을 연 10%의 이율로 조달, 차입금을 상환해 위기를 넘기기도 했다.

　하지만 신용등급이 하락하면서 더 이상의 추가자금 조달은 어려운 상태였다. 게다가 금융권의 자금회수로 인해 어려움은 더욱 가중

되었다. 은행이 당좌대월 한도와 외화 지급보증 한도 전액을 회수해 간 것이다.

그러나 더 큰 문제는 그러한 어려움이 실질적인 의미만큼 표면화되지 않았다는 점이었다.

★ ★ ★

여러 가지 면에서, 이스텔시스템즈는 1997년 내가 부임할 당시의 한국전기초자와 달랐다.

첫째, 당시 한국전기초자는 누가 봐도 회생이 불가능해 보이는 회사였고, 그 문제적 상황이 외부로 거의 노출돼 있었다. 하지만 이스텔시스템즈는 잘나가던 IT회사라는 인식 때문에, 그 심각한 문제상황이 외부는 물론, 내부에서조차 심각하게 인지되지 않고 있었다.

둘째, 제조업체였던 한국전기초자와 달리 이스텔시스템즈는 통신산업체다. 이는 제조업 관련 경력이 전부였던 나에게는 무척 중요한 문제였다. 통신사업이라는 산업분야가 나로서는 무척 생소했다는 얘기다. 때문에 회사의 주축을 이루고 있는 '연구소'의 속성도 낯설었으며, 대부분 '연구원'인 팀원들과 함께 회사를 다시 일으키기 위해서는 과연 어떻게 해나가야 할지에 대해서도 몹시 난감했다.

사실 나를 CEO로 영입하겠다고 제의해 온 곳 중에는 언론사도 있었다. 그것도 우리사주를 통해 회사의 주인이 된 사원들이 직접 집으로 찾아와 사장직을 맡아달라고 부탁했다. 하지만 나는 거절했다.

내 능력을 필요로 하는 곳이 아니라는 판단 때문이었다. 그런 곳에서는 내가 가진 능력과 경험을 100% 이상 발휘할 수 없다고 생각했다. 내가 완곡하게 거절했음에도 불구하고 그들은 다시 한 번 제의를 해왔지만, 나 또한 다시 한 번 자신이 없다는 이유로 거절했다.

그런 면에서 보자면, 이스텔시스템즈 역시 마찬가지였다. 하지만 이곳에서라면 언론사와 달리 제조업에서 키워온 나의 노하우가 '먹혀들' 것이라는 자신감이 있었다. 나는 그것을 증명해 보이고 싶었다.

그러나 역시, 벽은 짐작보다 두껍고 높았다.

★ ★ ★

회사는 존재의 위기를 걱정할 상황에 처해 있는데도, 구성원들은 여전히 자만심에 빠져 있었고 개인적인 성향으로 각각 투명캡슐에 싸여 있었다.

나에 대한 인식도 한국전기초자와는 사뭇 달랐다. 한국전기초자의 경우, 내가 사장으로 부임한 것에 대해 불만도 없지 않았지만, 그래도 '9회말 구원투수'쯤으로 받아들이는 분위기가 압도적이었다. 하지만 이스텔시스템즈는 달랐다. 구성원 대다수가 이미 경영진에 대해 강한 불신을 안고 있었고, 나에 대해서도 심드렁하게 '그 나물에 그 밥'이라는 식의 시선을 보냈다.

새로운 CEO로 부임한 나에 대한 그러한 불신과 무관심은 취임식장에서 여실히 드러났다.

내가 김재철 회장의 제안을 받아들여 이스텔시스템즈 사장직에 부임하기로 결정한 것은 1월 초였다. 하지만 취임 날짜는 2002년 1월 17일로 잡았다. 이미 정해져 있던 강의일정을 대부분 취소했지만, 정말 취소하기 힘든 강의도 적지 않았기 때문이다.

취임식은 이스텔시스템즈 강당에서 이루어졌다. 나는 정말 처음 시작하는 마음으로 단상에 섰다.

여러분, 안녕하십니까? 이스텔 가족 여러분과 함께하게 된 것을 무한한 영광으로 생각합니다. 저는 제 인생의 마지막 불꽃을 이스텔 가족 여러분과 함께 태우고자 오늘 여기에 섰습니다.

우리는 최근 IT경기의 불황과 실적 악화로 동료들을 내보내는 아픔을 겪었습니다. 그러나 이제 여러분과 함께하면서 저는 우리 이스텔시스템즈를 세계 최고의 기업으로 만들기 위해 불철주야 노력할 것이고, 부단히 달릴 것입니다.

세계 최고의 기업을 만들기 위한 경영방침과 전략과 비전, 그리고 이 세 가지의 밑거름이 될 수 있는 기업문화에 대해 평소 제가 해온 소박한 생각을 말씀드리면서 취임사를 갈음하고자 합니다. (……)

앞으로 여러분의 의견을 경청하고 수렴하여, 이스텔시스템즈가 우리 모두의 좋은 보금자리이자 생활의 요람, 또한 신명나게 일할 수 있는 회사가 되도록 최선을 다할 것입니다.

2002년 새출발의 해! 우리 모두 새출발하는 각오로 새로운 선택과 행복이 이루어지도록 좋은 문화를 조성하는 데 여러분도 노력해

주실 것을 당부드리며, 이만 마치겠습니다.

취임사를 마친 나는 강당 앞문 쪽으로 가서 밖으로 나가는 사원들과 일일이 악수를 하기 시작했다. 전날 밤, 이스텔시스템즈에서의 첫날을 어떻게 시작할까 고민하다가, 우선 구성원 개개인과의 벽을 허물어야겠다고 다짐했기 때문이다. 사원들과의 악수는, 함께 새롭게 거듭나자는, 함께 잘해보자는 내 의지의 상징적인 표현이었다.

그런데 나의 그 첫 계획은 보기 좋게 실패로 끝났다. 줄지어 나오는 사원들과 악수를 나누면서 언뜻 보니, 대다수의 사원들이 줄에서 이탈해 뒷문으로 빠져나가고 있었다. 내가 앞문에서 악수하는 것을 보고 나와 부딪치지 않기 위해 뒷문으로 빠져나간 것이다. 그것은 일일이 악수를 청하는 나의 행동을 긍정적으로 보지 않았다는 의미였으며, 더 깊게는 나에 대한 불신과 부정적인 심리상태를 드러내는 것이었다.

물론 나와 눈을 맞추며 의지에 찬 표정으로 악수를 하는 사원들도 적지 않았다. 그들은 나의 등장을 '구원투수'의 등판으로 여기고, 다시 한 번 일어나보자는 희망과 기대를 걸고 있었다. 하지만 미안하게도 그들은 별로 마음에 와닿지 않았다. 그들보다 내 눈을 피하며 뒷문으로 빠져나가는 사원들이 더 큰 숙제로 남았기 때문이다.

뒷문으로 사라지는 사원들의 모습을 보면서, 내가 그들에게 어떤 존재로 다가갔는가 하는 생각이 들었다. 그들에게 나는 이전의 경영자들과 모습만 다를 뿐 똑같이 믿을 수 없고, 또 다른 방식으로 그저 감시·감독·지휘·통제만 하러 온 사람으로 보였다는 사실을 나는 가슴 아프게 인정해야만 했다.

★ ★ ★

시간이 지나면서, 그들이 왜 나를 믿지 못하고 그토록 거부했는지 조금씩 알 수 있었다. 사원들과 전임 사장 사이에 워낙 대화가 없었던 것이다.

사원들이 생각하는 사장은 권위주의에 젖은 뻣뻣한 사람이었다. 그들은 사장이 자신들의 인사조차 제대로 받아주지 않는다고 생각하고 있었다. 그런 그들의 눈에 새로 온 사장이라고 해서 고와 보일 리 있었겠는가. 같은 부류라는 지레짐작으로 마음의 문을 더 굳게 걸어잠근 것이다.

나중에는 사원들의 그런 생각과 행동들이 이해되었지만, 그 당시에는 적지 않은 당혹감과 무게감으로 다가왔다. 나는 기업은 결코 혼자 이끌어가는 것이 아니라고 생각한다. 기업이 성공하느냐 못하느냐는 사원들과 사장을 비롯한 임원들의 화합의 농도에 달려 있다고 믿어 의심치 않는다.

취임식 후 사장실에서 임원들과 함께 차를 마시면서 이런저런 얘기를 나누었다. 그 첫 대면자리에서 나는 임원들에게 쓴소리를 했다. 사원들보다 먼저 변하고 솔선수범해야 할 사람들이 바로 그들이기 때문이었다.

사원들이 어째서 사장이 악수하는 것을 보고 뒷문으로 도망치듯 나갑니까? 사원들 관리가 도대체 어떻게 되고 있는 겁니까? 사장이란 존재, 임원이란 존재가 무엇이라고 생각합니까? 내가 느끼기에 우리 사원들은 임원들에 대해서 부정적인 생각을 많이 하고 있는 것 같습니다. 임원은 고맙고 필요하고 도움을 주는 사람이 되어야지, 관리·감독하고 지시하는 사람이 아니라는 사실을 여러분부터 확실히 인지해 주시기 바랍니다.

★ ★ ★

구성원들의 시각은 그렇게 두 갈래로 나뉘어 있었지만, 어쨌든 나는 '9회말 구원투수'의 역할을 톡톡히 해내 그 팀을 승리로 이끌어야만 했다.

위기에 처한 회사를 맡은 경영자는 무엇보다 회사를 하루빨리 그 위기에서 벗어나도록 만들어야 한다. 그것이 가장 중요한 소명인 것이다. 그 소명을 다하기 위해 가장 먼저 할 일은 '일=삶'이라는 신념을 모든 구성원에게 불어넣어주는 것이다.

그런 CEO가 되기 위해 나는 바로 혁신에 들어갔다. 머뭇거릴 시간이 없었다. 단단히 각오를 하고는 있었지만 막상 들어와 속을 들춰보니, 회사사정은 생각보다 훨씬 나빴다.

이스텔시스템즈의 뿌리인 성미전자는 정말 탄탄한 회사였는데, 호황이라고 해서 지나치게 과도한 투자를 하는 바람에 급속도로 어려워진 상태였다. 내가 부임한 당시에는 차입금 1,000억 원에, 미지급금이 200억 원이나 되었다.

나는 위기에 봉착한 이스텔시스템즈가 살아남기 위해서는 과거의 문화를 버리고 새로운 기업문화를 조성해야 한다고 생각했다. 내가 보기에, 퇴출1순위 문화는 위계질서를 중시하는 지나친 권위주의와 형식주의였다. 식물도 시든 가지를 꺾어내야 새 잎이 나오고, 샘도 고인 물을 퍼내야 새 물이 고인다. 기업문화도 마찬가지다. 기업발전의 발목을 잡고 있는 구습을 잘라내야 새롭고 활기찬 문화가 자리를 잡는 것이다. 나는 한 가지씩 실행해 나가기 시작했다.

가장 먼저 사장실과 임원실을 바꿨다.

이스텔시스템즈의 총 건평은 8,000평인데, 가장 좋은 위치에 자리 잡은 가장 좋은 시설의 건물 5층의 대부분이 사장실, 응접실, 임원실에 할당되어 있었다. 눈에 띄는 낭비가 아닐 수 없었다.

나는 그 건물을 비롯해 5,000평 정도의 건물을 과감하게 임대하기로 결정했다. 그리고 우리는 가장 오래되고 구석진 곳에 있는 건물로 옮겨갔다. 그로 인해 매달 적지 않은 임대수입이 발생할 뿐만 아니라, 전기세며 수도세 등의 공과금과 관리비를 절약할 수 있으니 매우 경제적인 선택이었다.

나는 또 여의도에 있는 서울사무소도 처분했다. 이스텔시스템즈에서 퇴출시켜야 할 문화 중 하나인 '지나친 형식주의'의 그림자를 지우는 방법의 일환이었다.

임원들이 사용할 수 있도록 마련해 둔 골프회원권 5매도 처분했다. 골프회원권이 좀 비싸긴 하지만, 그걸 판다고 회사경영에 그렇게 큰 도움이 되기야 하겠는가. 다만 회사의 관료주의와 형식주의를 타파하고자 하는 CEO의 강한 의지를 보여주기 위한 상징적인 조처였다.

좋은 건물은 남에게 세주고 자신들은 구석진 곳, 그것도 다른 업체들이 임대도 하지 않으려고 하는 그런 곳을 사무실로 이용하는 것이 자존심 상하는 일일 수도 있다. 하지만 그건 문제가 아니다. 말로만이 아니라 정말로 혁신을 통해 성공하기를 원한다면, 정말이지 '속속들이' 바뀌어야 한다.

그렇다고 해서 이런 내 생각을 일방적으로 주장하고 무조건 밀고 나간다면, 당분간은 혁신이 이뤄지는 듯 보이겠지만, 곧 제자리로 돌아올 게 뻔했다. 가장 중요한 문제는 임직원들이 나의 경영철학을 이해하고 마음속으로부터 지지해야만 진정한 혁신이 이루어진다는 점이다.

한국전기초자에서와 마찬가지로, 나는 '열린경영'을 통해 이 문제를 풀어나갔다. 매주 두 차례씩 전 임원·팀장들과 연석으로 오전 7시부터 한 시간 넘게 회합을 하고, 전사원을 대상으로 한 경영현황 설명회도 매달 정기적으로 갖고 있다. 그렇다고 경영현황 설명회 시간을 특별히 따로 정해놓은 것은 아니다. 매달 정기적으로 하는 조회 때 조회사를 통해, 한 달에 한 번 전사원에게 현재 경영상황을 보고하는 식으로 진행한다.

★ ★ ★

　회사를 위기에서 건져내기 위해, 구성원 전체가 절박한 위기감과 함께 이겨낼 수 있다는 희망과 자신감을 갖도록 하기 위해, 나는 자산처분 외에 또 한 가지 중요한 결정을 내렸다.
　당시 이스텔시스템즈가 안고 있던 심각한 문제 중 하나는, 수익을 창출할 수 있는 길은 좁은데 인건비는 상상할 수 없을 만큼 높다는 점이었다. 과도한 투자로 이런저런 사업을 벌이면서 높은 인건비로 인력을 스카우트해 잔뜩 모아놓았는데, 갑자기 IT거품이 꺼지기 시작하면서 그들을 활용할 길이 막혀버린 채 높은 임금만 지출하고 있는 상황이었다.
　회사사정이며 외부환경은 심각할 대로 심각해졌는데, 고액연봉자들은 임금을 그 액수 그대로 받아가고 있었다. 사실 그것을 해결할 대책이랄 것도 마땅히 없는 상태였다. 그러나 그런 상태로는 결코 소생할 수 없다는 것이 나의 판단이었다.
　결국 나는 극단적인 방법을 쓸 수밖에 없었다. 회사가 이익을 낼 때까지 월급을 받지 않겠다고 선언한 것이다. 사장인 내가 월급을 받지 않겠다고 하자, 임원들이 먼저 눈이 휘둥그레졌다. 그리고 임원회의를 통해 자신들도 임금의 30%를 삭감하겠다는 결정을 내렸다.
　나는 물론 임원들에게 강권하지는 않았다. 하지만 솔직히 미리 계산을 하지 않았다면 그건 새빨간 거짓말일 것이다. 내가 솔선수범하면 그들도 가만있을 수는 없을 거라는 계산 말이다.

회의과정에서 임원들끼리도 의견조정이 어려웠을 것이다. 임금 30% 삭감이 어디 쉬운 일인가? 그로 인해 생계가 어려워지는 임원도 있었을 것이다. 하지만 나는 마음을 굳게 먹고, 그들이 내가 생각하는 방향으로 함께 가주기를 바라며 소신대로 밀고나갔다.

사실 각각의 개인마다 사정은 다 다르다. 하지만 조직을 위해 어느 정도 개인의 희생이 불가피할 때가 있다고 생각한다. 더구나 임원이라면 책임이 그만큼 더 크기 때문에 감수해야 하는 희생 또한 더 클 수밖에 없다. 나는 임원들에게 고마운 마음을 전했다. 그리고 조회 때 전사원에게 이 사실을 알렸다.

앞으로 차차 회사의 모든 경영상태를 여러분에게 낱낱이 알려드리겠지만, 현재 우리 회사의 상황이 여러분이 생각하는 것보다 훨씬 심각합니다. 그래서 나는 회사가 이익을 낼 때까지 월급을 받지 않기로 했습니다. 임원들 또한 고맙게도 임금의 30%를 삭감하기로 결정했습니다. 여러분은 어떻게 했으면 좋겠습니까?

내 말이 끝나기가 무섭게 사원들이 술렁거리기 시작했다. 나는 잠시 짬을 둔 후 다시 이렇게 말했다.

우리 모두 혁신의 마음으로 새로 시작해야 합니다. 성과물만 함께 나누는 것이 아닙니다. 나는 여러분이 회사가 어려울 때는 고통도 함께 나누는 마음가짐이길 바랍니다. 하지만 여러분의 임금은 삭감하지 않았으면 하는 것이 나의 희망입니다. 대신 여러분의 임금을 회사가 이익을 낼 때까지 동결하겠습니다.

사장인 나는 월급을 아예 받지 않고 임원들은 30%씩 삭감했지만, 사원들의 임금만은 삭감하지 않고 동결시키겠다는 결정이었다. 나중에 들은 말이지만, 대부분의 사원들은 그때 마음이 움직였다고 한다.

만약 나부터 솔선수범하지 않은 채 사원들에게 일방적인 희생을 강요했다면 결과는 정반대로 나왔을 것이다. 리더의 역할, 리더의 솔선수범은 어쩌면 기업운영에 있어 가장 기본적인 원칙이라고 생각한다. 그 기본과 원칙을 지켜나갈 때 진정으로 원하는 바를 얻을 수 있을 것이다.

특별한 선물
400편의 독후감, 400명과의 심층대화

　논문을 쓰든 사업을 하든, 일반적인 일의 절차로 보았을 때 가장 우선되어야 할 것은 바로 현상파악이다. 이는 곧 문제점을 찾아내는 것이며, 문제점을 파악해야 비로소 해결책을 찾아낼 수 있다.

　이스텔시스템즈의 문제점을 찾아내는 데 가장 큰 도움이 된 것은 임원들과의 지속적인 대화였다. 각 부문별 임원들과의 질의와 답변으로 이루어진 대화를 통해, 나는 이스텔시스템즈의 현주소를 제대로 파악할 수 있었다. 그런데 그보다 훨씬 더 크게 도움이 된 것이 있다. 그것은 바로 사원들이 쓴 독후감이었다.

　2002년 1월 17일, 취임식을 마치고 사장실로 돌아와보니 내 책상 위에 꽤 두꺼운 서류철이 놓여 있었다. 총무팀장에게 무엇이냐고 물었더니, 사원들이 쓴 독후감이라고 했다. 내가 한국전기초자 때의 이야기를 쓴 『우리는 기적이라 말하지 않는다』를 읽고 쓴 독후감이었다.

★ ★ ★

내가 부임할 것이라는 소식이 전해지자 총무팀장은 이 책을 400여 권 사서 전사원에게 나눠준 후, 독후감을 써서 제출하라고 한 모양이었다. 나로서는 생각지도 못한 일이었다.

어쨌든 일단 그것을 읽으면 이스텔시스템즈의 현재를 이해하는 데 큰 도움이 되겠다는 생각이 들었다. 그리고 그 짐작은 정확하게 맞아떨어졌다. 400여 명의 독후감은 적지 않은 양이었지만, 나는 몇 번이고 되풀이해서 철저하게 읽음으로써 사원들의 생각을 내 것으로 만들었다. 사원들 개개인의 생각을 내 머리와 가슴 속에 집어넣은 것이다.

독후감은 솔직히 긍정적인 반응보다 부정적인 반응이 훨씬 많았다. 30% 정도만 책 내용에도, 독후감을 써야 한다는 사실에도 긍정적인 반응을 보였다. 나머지는 '왜 강제로 이런 책을 읽고 독후감을 써 내라고 하는가. 읽기도 싫고 쓰기는 더욱 싫다'는 반응이었다.

하지만 그런 감정적인 부분은 문제가 되지 않았다. 자의든 타의든 간에 어쨌든 씌어진 그 독후감들은 회사 저변에 깔려 있는 문제점에 대해 나름대로 분석하고 정리한 글들이었다. 따라서 나는 그것을 읽음으로써 단시간에 회사의 모든 문제점을 파악할 수 있었다. 그 어떤 자료보다 훨씬 더 많은 도움이 되었다.

내가 쓴 책을 읽고 난 후의 느낌을 적은 순수한 독후감이 아니라, 나름대로 자기 회사(이스텔시스템즈)의 문제점과 그 대안을 제시한 글들이 많았다. 나는 몇 번씩, 거의 외우다시피 읽고 분석했다. 그리고 그것을 바탕으로 경영방침을 세웠다. 나는 그 독후감들을 통해 사원들의 목소리를 들을 수 있었고, 그렇게 해서 나온 경영방침은 성공할 수밖에 없다고 자신했다.

사원들과 수백 시간 얼굴을 마주하고 대화한 것보다 더 깊이 있고 솔직한 얘기들을 많이 만날 수 있었다. 특히 연구소, 영업, 관리, 생산 등 부서에 따라 다를 수밖에 없는 문제점을 하나하나 다 체크할 수 있었다. 나는 행여 하나라도 놓칠까 봐 모두 다시 적어가면서 읽고 또 읽었다.

나에게 그토록 소중했던 자료의 일부를 여기 공개한다.

다들 지금이 이스텔시스템즈의 위기라고 하지만, 나는 우리 회사의 위기는 이미 4년 전, 그러니까 내가 오기 전부터 시작되었다고 생각한다. 처음 와서 재무제표를 검토해 본 결과 실망을 금할 수가 없었다. (……)

게다가 무리한 매출확대 정책으로 인해, 그런대로 모습을 유지하던 대차대조표도 급격하게 나빠졌다. 즉, 재고자산 증가와 단기차입금 증가로 이어진 것이다. 사상 초유의 매출을 기록하고도 실질적으로는 이익을 못 내는 상황. 그럼에도 고정비는 계속 증가하고, 연구개발 투자는 방만해지는 등 우리들은 모두 착각의 늪에 빠져 있었다. (……)

책 말미에서 서 사장님은 존 코터의 '기업경영의 실패 이유 7가지'가 바로 한국전기초자의 얘기라고 하셨는데, 이는 우리 이스텔에도 똑같이 해당되는 얘기기도 하다.

우리 회사는 K통신사에 대한 의존도가 높은데, 그곳의 구매정책이 이미 변하고 있는 상황에서도 누구 하나 위기감을 느끼고 대책을 논하는 사람이 없었다. 설령 문제제기를 해도 애써 외면하기 일쑤였다. 존 코터가 지적한 대로 자만에 빠져 있었던 것이다.

1년 365일 근무, 2시간 노동에 10분 휴식…… 일에만 매달린 인간, 회사의 부속으로만 존재가치가 있는 회사형 인간이 되어야 한단 말인가? 나의 존재가치와 삶의 의미를 되돌아봐야 하는 중대한 문제다. 나는 이제 고작 직장생활 2년을 넘기고 있는 연구원이다. 열심히 배우고 일해야 할 때라고 생각하고 있다. 연구원이라면 꾸준히 새로운 것을 배우고 도전해 나가야 한다. 그렇지만 '나'를 이루는 가치가 오로지 회사에서만 나온다고는 생각하지 않는다. 이제는 더 이상 '커서 대통령이나 과학자가 되어야만 한다'고 생각하지 않는다.

서두칠 사장님은 '위기에 처한 회사를 최고의 회사로 만드는 것'에서 삶의 의미와 희열을 느꼈기 때문에, 그것을 위해 모든 것을 쏟아부었다. 아마도 365일 피곤한 일상이었을지라도 그러한 '자아실현'의 목표가 있었기에 기꺼이 그렇게 해나갈 수 있었을 것이다.

나는 격주로 일요일에 뜻이 맞는 친구들과 스터디모임을 갖고 있다. 일요일에 그냥 방바닥을 뒹굴며 쉬고 싶을 때도 많지만, 내가 좋아하는 일이기에 스터디모임이 있는 주말에는 다른 약속을 만들지 않는다. 그것이 나의 '자아실현'의 길이라고 생각하기 때문이다.

다른 사람들은 어떨까?

모두들 그렇게 이 책 속의 사람들처럼 회사라는 조직을 유지, 발전시키는 데에만 매진할 수 있을까? 그리고 그렇지 못한 구성원들은 모두 퇴출되어야만 하는 것일까? (……)

희생을 희생이라고 말하지 않을 수 있는 어떤 이유, 다른 누구에게보다 자기 자신에게 설명할 수 있는 동기가 주어진다면, 이스텔도 기적이라 말하지 않을 기적을 분명히 이루어낼 수 있을 것이다.

부서간에 융합도 안 되고 본부별(연구, 영업, 공장, 기획) 개인주의가 팽배해서, 소속된 부서의 득실만을 따져 일을 하곤 합니다. 연구소에서 하나의 제품을 완성하면 그걸로 연구가 완성된 양, 나 몰라라 하는 일이 비일비재했습니다. (……)

지금의 이스텔은 해외 유수의 기업에서 장비를 도입하여 통신사업자들에게 납품하는 이른바 오퍼상 역할을 하고 있습니다. 환율 등의 변화로 적자를 보면서까지 납품하는 경우도 있었죠.

우리 회사가 살아남기 위해서는 우선 이윤이 많이 남는 자작장비를 납품해야 합니다. 그러기 위해서는 서 사장님 말씀대로 인원의 구조조정이 아니라 개발제품(프로젝트)의 구조조정을 해야 된다고 생각합니다.

이 책을 읽으면서 공감하는 부분도 많았고 반감이 가는 부분도 있었습니다. 하지만 내 자신에 대해 많은 생각을 하게 되었습니다. 부족했던 부분도 발견할 수 있었고 어떻게 하면 더 좋은 직장문화를 만들까 하는 생각도 하게 됩니다.

이 책을 읽기 시작하면서 나는 이 책에 등장하는 한국전기초자와 우리 회사를 비교해 보게 되었다. 사실 노사관계의 악화나 노조의 강력한 반발을 제외하고는, 초자가 처해 있던 상황과 우리 회사가 처해 있는 상황은 비슷해 보인다. 한때 좋았던 시절을 뒤로하고 창사이래 최대의 적자를 기록했으며, 종업원들은 엄청난 패배주의에 젖어 있다. 그야말로 희망이 보이지 않는다. 이 점이 이 책에 더 끌린 이유이기도 하다. 과연 서두칠 사장님은 이런 회사에서 어떻게 혁신을 이룰 것이며, 어떤 식으로 사람을 움직일 것인가?

솔직히 그 점에 대해서는 다소 비관적이다. 기본적으로 초자에서의 서 사장님은 종업원의 노력과 희생을 강요한 것처럼 보인다.

물론 높은 임금과 좋은 복리후생 정책이 사원들을 묶어둘 수 있는 수단이 아니라는 것은, 나도 공감하는 내용이고 또 실제 데이터상으로도 증명이 되고 있지만, 반대로 마음을 오직 마음만으로 움직일 수 있는 것도 아니지 않을까?

초자와 이스텔은 우선 사업분야가 다르다. 통신사업은 원래 종업원 이직이 잦고, 인력 개발 및 충원이 어렵다. 게다가 IMF시기에서 벗어나 경기가 풀리기 시작하는 이 시점에서, 종업원들이 과연 초자에서와 같은 과다한 업무부담을 떠맡으려 할까? 아무리 경영부실의 책임을 회사의 주인인 종업원이 책임져야 한다고 하더라도 말이다.

솔직히 이 책이 서두칠 사장님의 성공스토리 1편이고, 2편은 우리 이스텔시스템즈가 되기를 간절히 바란다. 그러나 영화도 그렇듯이, 1편과 비슷해서는 절대 성공할 수 없다. 나는 초자에서와는 다른 서두칠 사장님의 그 무엇을 기대한다. 과연 이스텔 종업원의 마음을 움직일 수 있을지, 이 책을 놓은 지금 나는 기대 반 두려움 반이다.

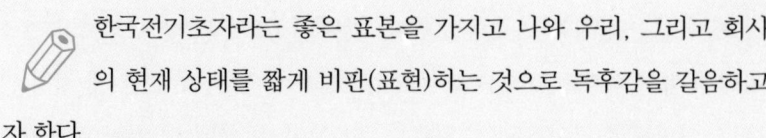 한국전기초자라는 좋은 표본을 가지고 나와 우리, 그리고 회사의 현재 상태를 짧게 비판(표현)하는 것으로 독후감을 갈음하고자 한다.

1) 조직운용이 너무 느슨하다.
2) 부서의 구성이 수직적이어서 '팀'의 성격에 맞지 않는다. 따라서 탄력성도 없다. 즉, 관공서 조직처럼 이루어져 있다.
3) 주력상품 및 당사를 대표하는 상품이 없다.

4) 신제품 개발이 시장을 리드하지 못한다. 또한 제대로 따라가지도 못한다.

5) 고정 거래선이 적다. 그리고 많이 빼앗긴다.

6) 핵심인력 관리가 제대로 이루어지지 않는다.

7) 결재라인이 너무 많다.

8) 전결규정이 너무 상향 조정되어 있다.

9) 관리자에게 책임과 권한이 동시에 주어져야 한다.

10) 회의가 업무시간중에 이루어진다.

11) 관리자의 강력한 리더십이 부족하다.

12) 연구소와 현업부서의 유기적인 관계 및 순발력이 부족하다.

13) 업무가 보고 위주로 이루어진다.

14) 정확한 마케팅 및 경향 분석, 시장예측이 이루어지지 않는다.

15) 상·하 임직원이 하나되는 영업 및 영업력 향상을 위한 조직과 맨파워가 필요하다.

한국전기초자와 우리는 처한 환경이 다르다. 첫째, 생산품목이 다르다. 우리의 생산품목은 고도의 기술을 요하는 시스템품목이고, 시장이 요구하는 고도의 기술이 경쟁력의 잣대라 할 수 있으며, 계획생산을 할 수 없는 시장구조로 인해 생산량의 변동이 심하다. 둘째, 우리 회사는 기존에도 어느 정도 열린경영을 해왔다고 판단되며, 강성노조는커녕 노조 자체가 없다.

그럼 우리가 이 책에서 배울 점은 무엇인가?

나는 현재 우리에게 가장 절실하게 필요한 것은, 시장에서 필요로 하는 고도의 기술과 구성원의 찰흙 같은 응집력이라고 생각한다. 그것의 근간은 결국 최고경영자의 열린사고(경영)와 솔선수범이라고 할 수 있다. 그래야 그 뿌리에서 양분이 올라와 중간관리자급의 기둥으로, 나아가 사원급의 나뭇잎까지 마음을 움직일 수 있을 것이다.

나는 이 책에서 그 가능성을 발견할 수 있었다.

한국전기초자와 우리 회사를 경영혁신 전문가인 존 코터의 방법으로 비교해 보았다.

1) 자만심을 방치한다

HEG(한국전기초자): 독과점품목을 생산하는 업체로서 자만에 빠져 있었다.

당사(이스텔시스템즈): 국내 시장에 안주해 왔다.

2) 혁신을 이끄는 강력한 팀이 없다

HEG: 회사 전체를 혁신으로 이끄는 강력한 팀이 없었다. 노조와 경영진은 서로의 입장만 주장했다.

당사: 노조는 없다. 그러나 경영진은 독불장군이다. 모든 임직원이 한 식구라는 팀워크를 형성하지 못하고 색깔 없는 팀을 만들었다.

3) 5분 안에 말할 수 있는 비전이 없다

HEG: 독과점품목을 생산하면서도 회사의 비전을 바탕에 두지 않았고, 단기간에 가시적인 성과를 내기는커녕 덩치불리기에 급급했다. (IMF 때 우리나라 거의 모든 기업의 모습이었다.)

당사: IT기술의 급격한 발달로 세상은 하루가 다르게 변하고 있다. 그러나 모체를 찾을 수 없는 기술들만 난무하고, 그 기술 또한 우

리 회사의 기술이 아니라 각 직원들의 개인적인 기술로 전락해 버리고 말았다. 경영진은 눈에 보이는 실적 위주로만 경영을 했고, 미래를 내다보는 비전을 제시해 주지 못했다.

4) 비전을 전사적으로 전파하지 못했다

HEG: 명확한 비전 아래 뜻이 모아진다.

당사: 몇 안 되는 임직원들에게까지 비전을 전파하지 못했을 리는 없을 것이다. 비전이 없어서 전파하지 못한 것일까?

5) 무사안일주의에 빠진 관리자를 방치한다

HEG: 관리자 또한 누군가가 조여주지 않으면 느슨해지기 마련이다. 그 역할은 윗사람이 할 수도 있고 아랫사람이 해줄 수도 있다.

당사: 자극을 주는 사람이 없다. 각 본부별 독립채산제의 취지는 좋았으나 그것을 관리해 주는 툴을 개발하지 못한 채 시작하여 허울뿐인 정책이 되고 말았다.

6) 단기간에 가시적인 성과를 보여주지 못한다

HEG: 보여지는 성과 앞에서 사람들은 신이 나 다음 일을 더 신나게 할 수 있다.

당사: 사업분야의 특성상 성과가 바로 보여지는 곳은 아니다. 많은 준비를 하고 오랫동안 연구해서 나온 성과만이 오랫동안 지속된다. 그러나 그 와중에도 눈에 보이는 성과물은 나와주어야 하는데, 몇 년 동안 우리의 노력으로 일구어낸 성과(연구결과물)가 하나도 없었다. 무엇을 믿고 그 많은 투자를 하면서 기다렸는지 지금은 의문이다.

7) 샴페인을 너무 일찍 터뜨린다

HEG: 그 시대 우리 사회의 전반적인 풍조 아니었을까?

당사: 잘나갈때 긴장하고 장기적인 준비를 해야 했는데, 매출 달성이라는 코앞의 성과만 보고, 모든 것을 평가해 버린 것은 아닌가?

 우리랑 비교하면서 우울했다. 초짜(한국전기초자)와 우리는 사업분야도 다를뿐더러 기업문화 또한 천지차이이기 때문이다.

1) 이스텔시스템즈의 기업문화

정보통신업종(초짜맨들은 '유리밥을 먹는'이라고 표현한 것으로 기억된다)은 이직률이 높아 기존 사원들과의 융화가 어렵고 위화감이 컸다. 또한 작년에 있었던 여섯 번의 구조조정 때문에 회사에 대한 애사심이 크게 떨어진 분위기다. (……)

가장 크게 문제가 되는 기업문화는 패배의식과 자신감의 결여다. 여섯 번의 구조조정을 겪으면서 사람들은 저마다 '나도 언제 나갈지 모른다'는 생각에 조마조마해하고 있으며, 지금 진행중인 프로젝트가 성공하리라 확신하는 사람도 없다. (……)

부서간에 팽배해 있는 이기주의 때문에 업무진행이 쉽지 않다. 하나의 일을 진행하려면 오랜 시간과 설득과정이 필요하다. 문제점을 발견해 개선할 때에도 관계부서간의 긴밀한 협조가 필요한데, '그렇게 하면 우리 팀의 일이 많아진다' 하는 식으로, 팔짱을 끼고 방관하는 사람들과는 정말 일하기 힘들다.

각 개인에게 살아가는 데 힘이 되는 원동력이자 활력소인 희망이 필요하듯이, 회사에도 비전이 있어야 한다. 그런데 우리는 그 부분에 대한 동기부여가 없다고 생각된다. 물론 나부터도 그렇다. 회사의 비전이 보이지 않기 때문이다. 고객에게 보일 물건이 없다. 물건을 개발할 수 있는 기술력도 떨어진다. 게다가 영업 또한 시장예측력이 떨어지다 보니 비전이 보이지 않는 것이 사실이다.

2) 인프라의 빈곤

연구개발에는 투자를 많이 하면서도 인프라 투자에는 왜 그렇게 인색한지……. 현재 우리의 네트워크는 95년에 1차 전산화를 하면서 구성된 네트워크를 수정해 사용하는 수준이다. 회사가 성장하고 있을 때 우리는 성장세에만 급급했지, 내실을 다지지 못했다. 사람이 충원되면서 시스템도 그만큼 덩치가 커져가는데, 네트워크는 이리저리 연결해 쓸 수 있게 끔만 만들어놓은 것이다. (……)

3) 평가와 보상의 부재

교육에 참가하지 않아도 큰 불이익이 없다고 생각한다. 물론 총무팀에서는 인사고과에 반영한다고 하지만, 팀장들이 평가를 하니 무용지물이다. 교육에 대한 평가 및 보상이 없다 보니 지적 관리를 하기가 정말 힘들다.

자기가 주로 사용하는 시스템에 대한 교육이 있어도 참가하지 않는데 어찌 업무효율이 증대될 것이며, 그 사람 개개인의 암묵지(머릿속에 있는 지식)가 형식지(사내 시스템에 등록되는 지적 자산)로 옮겨지겠는가. (……)

새 사장님이 오신다. (책의 표현을 빌리자면 '새 사장이 떴다') 관리부서는 며칠 동안 사내외를 정리하느라 어수선했다. 아마도 새로 부임하시는 사장님을 맞이하기 위해 그랬겠지만, 한편으로는 평소에는 하지도 않던 일을 하는 것이 조금은 못마땅했다. 진작부터 이런 일을 할 것이지, 잘 보이려는 의도가 너무 짙게 깔려 있는 듯했다. 그래도 사장님이 새로 오시는 것을 계기로 모두들 변화하려 하니 다행인 것 같다. (……)

우리 회사도 연구능력이나 기술은 다른 회사에 비해 떨어진다고는 생각하지 않는다. 다만, 다음과 같은 문제가 있다.

1) 업무가 집약되지 못하고 서로 협조가 이루어지지 않는다

서로 기술을 공유하고 좀더 부가가치 있는 방향으로 기술을 집약해야 함에도 불구하고, 현재까지 진행되어 온 프로젝트가 아깝고 지금 손을 놓기에는 그동안 투자된 시간과 인력이 너무 많아 쉽게 결정을 내리지 못하는 것 같다. (……)

2) 시장상황 및 K 통신사와의 관계개선이 시급하다

작년에 DSLAM과 관련하여, S전자에서 단가를 터무니없이 낮추고 입고된 제품에까지 그 가격을 적용하는 바람에 문제가 있었다.

마케팅과 영업 전략에 있어서도 주도적이지 못하다. 늘 K통신사에 끌려다니는 꼴이다. (……) 좀더 적극적으로 영업에 임하고, 제품의 시장상황을 미리 파악해 개발을 준비해야 한다고 생각한다.

3) 연구소의 기술개발 지연에 대한 업무개선이 필요하다

내가 맡고 있는 PCB설계야말로, 전자회사에 있어서는 공원의 꽃과 같

은 존재라고 생각한다. 나는 3개 회사에서 컴퓨터, 반도체, PCB제조 부분을 거쳐 통신업체인 이스텔에 입사했다. 그런데 이스텔은 PCB설계를 단지 거쳐가는 한 가지 공정 정도로밖에 인식하지 않는 것 같다.

그러나 나는 PCB가 전자 파트에 있어서는 '전부'라고 할 만큼 중요하다고 생각한다. PCB가 잘 설계되면 제품도 그만큼 잘 작동하고 단가도 줄일 수 있다. 그런데 단순히 회로를 구현해 주는 정도의 부서로 인식해 무조건 빨리 설계해 달라고 요구하고, 이런 요구가 관철되지 않으면 '부서간 이기주의'라는 말로 서로를 헐뜯는다. 이는 서로간의 사기진작 및 한 식구라는 공동체의식에 역행한다고 본다.

좀더 짧은 기간에 설계를 해야 하고, 우리의 역량이 부족하다면 외부업체와의 제휴를 적극적으로 도모해 업무의 효율과 질을 향상시켜야 하는데, 이런 부분이 많이 부족하다. 나 역시 실무책임자로 있으면서 교육 및 제안 활동을 통해 개선을 시도했지만, 이 책에서처럼 시간이 부족하다는 핑계 아닌 핑계로 게을리 한 것은 아닌가 반성해 본다.

★ ★ ★

400편에 가까운 독후감을 나는 열 번도 더 읽었다. 사원들 입장에서 보면, 독후감을 제출해야 하는 상황에 부정적이었을 수도 있겠지만, 결과적으로는 문제점을 스스로 정리해 보고 스스로 해결책을 생각해 보는 좋은 기회가 되었을 것이다. 또한 이제 막 사장직에 부임한 나에게는 정말 더없이 좋은 자료였다. 이를 통해 회사의 현주소와 문제점은 물론이고 사원들의 심리나 태도까지도 파악할 수 있었으니 말이다.

사원들의 독후감과 임원들과의 대화를 통해 내가 파악한 이스텔시스템즈의 문제점은 다음과 같았다.

하나, 사업을 너무 방만하게 벌였다. 종합 통신장비회사로 발전하겠다는 목표를 세우고 그에 맞는 투자를 해왔지만, 그것이 잘못된 길이었다. 종합회사가 아니라 전문회사가 되어야 한다. 세계1위를 할 수 있는 종목이 어떤 것인지 파악해서 그 종목에 집중적으로 투자해야 하는 것이다.

둘, 기존의 경영진에 대한 사원들의 불신이 깊다. 사장은 권위주의적이라는 생각이 깊이 박혀 있어서, 나에 대해서도 그 선입견을 지우지 못했다. 한국전기초자의 경우, 나를 점령군 사령관으로 보는 사람도 있었지만, 9회말 구원투수로 여기고 기대를 거는 사람이 더 많았다. 그러니까 사장에 대한 생각 자체가 한국전기초자와는 판이

하게 달랐다. 사장은 권위주의적이고 일방통행식으로 일을 처리한다는 생각이 각인된 상황이었다.

한국전기초자의 경우, 전임 사장에 대한 평가가 무척 좋았다. 그분은 회사 내에 교회를 설립하고 헌신할 만큼 좋은 분이었다. 그런데 10년간 사장직에 머물면서 가부장적인 온정주의가 퍼져 기본과 원칙이 무너졌다. 각자 악기를 잘 다루기는 하는데 조화를 위한 조율을 할 줄 몰랐고 자만에 빠져 각자 마음대로 했던 것이다.

반대로 이스텔시스템즈는 권위적이고 일방통행식인 전임 사장으로 인해 대화가 단절된 상태였다. 게다가 각자 악기를 제대로 익히지도 못한 상태에서 다음 단계로 넘어가라고 강요해 반발심이 광범위하게 깔려 있었다. 당연히 리더에 대한 존경이나 신뢰는 간 곳이 없고, 거부감과 불신만 쌓여 있었다.

셋, 헌신과 몰입이라는, 연구직이 지니는 특성이 제대로 발휘되지 못하고 있었다. 게다가 불행히도 정부가 통신사업에 대한 방향성, 즉 명확한 로드맵을 갖고 있지 못했다.

넷, 이스텔시스템즈 직원들은 내가 한국전기초자에서 이뤄낸 성과를 오히려 부담스러워했다. '한국전기초자와는 분야 자체가 다른데 그와 같은 일이 가능할 것인가' 하는 회의를 품고 있었으며, 특히 한국전기초자 사람들이 365일 쉬지 않고 일했다는 점에 대해서도 반감을 가지고 있었다. 그러니 내가 구원투수로 보일 리 만무했다. '무슨 트집을 잡을까' '일을 많이 시킨다는데, 우리는 이제 죽었다' '저 사람은 통신전문가가 아닌데, 무엇을 할 수 있을까?'라는 선입견으로 무장한 다음 나를 바라보았다. 하지만 그들은 등산을 하는 사람과 등산에 관한 책을 쓰는 사람은 다르다는 점을 간과하고 있었다.

결론적으로 말해, 이스텔시스템즈는 구조적인 문제도 컸지만, 구성원들이 현상황을 정확히 인지하지 못한 채 자만심에 빠져 있다는 게 더 큰 문제였다. 그것이 가장 기본적인 장애물이라 할 수 있었다.

★ ★ ★

어쨌든 이 일이 있은 후로 나는 독후감 예찬론자가 되었다. 책을 읽다가 '우리 사원들도 함께 읽으면 좋겠다' 싶으면 내가 직접 사서 나눠주고 독후감을 받았다. 우리나라 사람들은 자신의 생각을 글로 표현하는 것을 무척 어려워하고 또 싫어한다. 싫어하니 점점 쓰지 않게 되고, 그러다 보니 당연히 점점 못 쓰게 된다.

이스텔 식구들도 처음에는 독후감을 써 내라는 나의 요구에 다들 어려워하고 성가셔했다. 하지만 비록 프롤로그에서 몇 줄, 에필로그에서 몇 줄 옮겨쓰는 것일지라도 자꾸 쓰다 보면 발전하기 마련이다. 그리고 무엇보다 중요한 것은, 그렇게 독후감을 쓰는 과정에서 독서의 가치를 느끼게 된다는 점이다.

진정한 독후감은 단순히 책을 읽은 느낌만이 아니라 자기계발에 대한 인식이 포함되어야 한다. 즉, 현상을 파악한 뒤 문제점을 분석하고 대책을 구상하여, 그것을 실행에 옮기는 것이다. 그런 점에서 사원들에게 독후감을 쓰게 하는 것은 단순히 책을 읽게 하는 데서 나아가 일거양득, 아니 일거사득쯤 된다.

독서의 일차적인 장점 외에 사원들의 생각이나 가치관 등을 파악할 수 있고, 내가 책에서 미처 읽어내지 못한 것을 그들의 생각을 통해 발견할 수 있으며, 책이라는 매개를 통해 새로운 커뮤니케이션을 하게 되는 것이다.

이스텔시스템즈에 와서 터득한 이러한 '독후감 쓰기'의 묘미는 직원들에게만이 아니라 나 자신에게도 새로운 공부법을 제시해 주었다. 아주 특별한 선물인 것이다.

리더는 삿대와 같아야 한다
위기상황에서 리더에게 진정으로 필요한 것

한국전기초자에는 많은 기능인력이 있었는데, 다들 각자의 '악기'를 나름대로 연주할 수 있는 사람들이었다. 다만 그것을 하나의 작품으로 모아줄 지휘자가 없었다. 나는 그들이 각자 자신의 악기를 잘 연주하게끔 분위기를 조성하고 전체의 조화를 도모해, 짧은 기간 동안 멋진 '오케스트라'로 탈바꿈시켰다.

그것이 가능했던 것은, 이미 한 방향으로 가고 있던 사람들을 좀 더 열심히 잘 가게 독려하기만 하면 되었기 때문이다. 그러니까 이미 악기를 연주할 줄 아는 사람들의 마음을 모으고 곡만 잘 선택해주면 되었던 것이다.

하지만 이스텔시스템즈는 달랐다. 통신부문의 기술이라는 것은 지속적으로 개발되어야 한다. 현실의 기술에 안주하면 낙오되고 만다. 그런데 이스텔의 구성원들은 각각 악기를 가지고는 있었지만 그것을 능숙하게 연주할 수 있는 수준은 아니었다. 그것은 가는 방향이 잘못되었기 때문이었다.

★ ★ ★

문제점들은 어느 정도 정리되었다. 이제 이 문제점들을 해결하려면 어떻게 해야 하는가? 가장 먼저 선행되어야 할 것은 정확한 목표의 설정이었다. 정확한 목표가 정해져야 그것에 도달하기 위한 실천사항들을 끄집어낼 수 있는 것이다.

나는 '작지만 강한 회사'라는 목표를 생각했다. 필요한 일은 하고 할 수 없는 일은 포기해야 했다. 즉, 선택과 집중이 필요했다. 이제부터 내가 할 일은, 먼저 각 구성원들이 각자의 악기를 능숙하게 다룰 수 있는 능력을 갖추도록 독려하는 것이었다.

그런데 그 방법을 찾기가 쉽지 않았다.

통신사업은 생리적으로 전자제품이나 기계 또는 중공업 제품 등을 만드는 것과 다르다. 그것들은 설계한 뒤 기능자들이 만들면 된다. 하지만 통신사업의 경우, 설계만 한다고 되는 게 아니다. 시시각각 변하는 수요자의 필요에 부응해야 하고 통신관련법에도 맞춰야 한다. 또한 불특정 다수를 타깃으로 하는 게 아니라 특정 사업주, 즉 통신사업자를 대상으로 하기 때문에 마음대로 할 수 있는 것도 아니다.

그렇다고 물 흘러가듯 흘러가길 기다리며 뒷짐만 지고 있을 수는 없었다. 구성원들이 각자 자기가 처한 상황에 대해 정확하게 인식하고 새로운 마음가짐을 갖도록 하는 게 급선무였다. 그런데 그 방법 또한 쉽지 않았다. 마음이 움직여야 되는데, 일의 특성상 내가 파고들 기회가 적었다.

한국전기초자에서 나는 현장사원들과 함께 현장에 있었다. 마음의 통로가 생기기 유리한 환경이었다. 이스텔에 와서도 구성원들의 한가운데 서서 함께 가자고 하고 싶었지만, 상황이 마련되지 않았다.

예를 들어, 연구원들은 밤을 많이 샜기 때문에 격려 차원에서 가끔 들러보았는데, 중도에 그만두었다. 현장사원들은 밤에 일을 할 때 들르면 고마워하지만 연구직원들은 달랐다. 감시하는 의미로 받아들이는 것이다. 상황에 맞는 방법을 쓰는 것이 리더의 역할이므로, 밤의 순례는 그만둘 수밖에 없었다.

그렇다고 조바심을 내 서두른다고 될 일도 아니었다. 내 경영철학의 핵심 중 하나인 인간존중 경영은 마음을 움직여야 하는 것인데, 사람의 마음이란 그렇게 간단히 바뀌는 것이 아니기 때문이다.

★ ★ ★

어려울수록 원칙과 기본을 중시해야 한다. 내가 이스텔시스템즈에서 세운 목표는 단순히 어려운 상황에서 벗어나는 것이 아니었다. 이스텔시스템즈를 세계 최고의 기업으로 만드는 것, 그것이 회사를 맡은 이상 내가 달성해야만 하는 목표였다. 그 목표를 이루기 위해서는 서둘지 말고 차근차근 한 걸음씩 나가야 했다.

세계 최고의 기업을 만들기 위해서는, 첫째 경영방침을 세우고, 둘째 전략을 실천하고, 셋째 비전을 제시해야 한다.

내가 세운 경영방침은 네 가지다. 첫째, 고객중심(고객감동) 경영. 둘째, 내실중심 경영. 셋째, 기술우위 경영. 넷째, 사원협력 경영.

그것을 실천해 나가기 위한 전략도 세웠다. 가격선도 전략, 일류상품 전략, 고객밀착 전략(주치의제도).

마지막으로 그러한 경영방침으로 전략을 실천한 다음에 이뤄낼 비전을 연도별로 제시했다. 2002년을 '새출발의 해'로 삼고 제로베이스에서 출발해 변화와 혁신을 이루자고 했으며, 2003년을 '재도약의 해'로 삼고 도전과 비약을 약속했으며, 2004년은 '성취의 해'로 삼아 보람과 최고의 경쟁력을 갖자고 했다.

나는 이러한 경영방침과 전략, 그리고 비전을 구성원들에게 인식시키기 위해 쉬지 않고 노력했다.

★ ★ ★

이스텔시스템즈를 세계 최고의 기업으로 만들기 위해 내가 세운 경영방침을 하나하나 살펴보자.

첫째는 '고객중심 경영'이다. 고객은 우리의 존재이유지만, 우리가 없어도 고객은 불편해하지 않는다. 어느 주유소에 '고객은 황제입니다'라는 플래카드가 걸려 있는 걸 본 적이 있다. 그 사장은 고객의 의미를 그 누구보다 잘 알고 있었던 것이다. 고객을 모시지 않으면 기업은 문을 닫을 수밖에 없다.

고객에 대한 시각도 넓혀야 한다. 고객은 국내에만 존재하는 것이 아니다. 전세계의 고객을 상대로, 그들에게 감동을 주어 신뢰를 쌓고 우리의 잠재능력을 고객을 향해 발휘하는 데 전력을 다해야 한다.

둘째는 '내실중심 경영'이다. 실적이 괜찮은 기업일지라도 10%의 영업이익을 내기가 어려운 게 현실이다. 은행이자가 10% 내외인 점을 감안하면, 은행돈으로 경영을 하면 경영여건이 조금만 악화돼도 어려움에 처할 수 있다는 것을 누구나 예상할 수 있다. 그래서 부채비율을 낮추고 무차입경영을 할 수 있도록 내실을 다져야 한다.

셋째는 '기술우위 경영'이다. 선진국 기업들의 연구소를 보면 항상 불이 켜져 있다. '이 정도면 되었다'는 생각은 금물이다. 그 생각을 하는 순간, 더 이상의 발전은 없다. 내리막길만 남은 것이다. 기술우위를 확보하기 위해서는 중단 없는 연구개발이 진행되고 또 성공해야 한다. 현대는 정보화사회다. 고객의 요구사항 등 수많은 정보가 제품 개발에 있어 부가가치 창출의 근원이 된다는 점도 잊어서는 안 된다.

넷째는 '사원협력 경영'이다. '기업경영은 구조조정과 경영혁신이라는 두 개의 페달로 자갈밭을 헤쳐나가는 외발자전거 타기'와 같다. 페달을 계속 밟지 않으면 넘어질 수밖에 없다. 일차고객인 전 임직원이 합심하여 한 방향으로 집중해야만 역경을 헤치고 도약할 수 있는 것이다.

　이러한 경영방침을 설명하고 알리면서 나는, 내가 항상 사원들과 함께하고 봉사의 정신으로 그들을 섬길 것이라는 사실을 주지시켰다. 사장으로서 '나를 따르라(Follow Me)'가 아니라 '함께 갑시다(Let's Go)'의 자세로 사원들과 항상 함께할 것을 약속하고 또 실천했다.

★　★　★

　네 가지 경영방침을 이루기 위해서 필요한 세 가지 전략도 직원들 모두가 숙지, 실천할 수 있도록 계속해서 교육했다.

　첫째는 '가격선도 전략'이다. 매출을 좌우하는 가장 큰 변수인 가격경쟁력을 갖추자는 것이다. 제조원가를 획기적으로 줄여서 원가 으뜸을 이루고, 경쟁사들이 따라올 수 없는 가격을 책정할 수 있는 능력이 필요함을 강조했다.

　둘째는 '일류상품 전략'이다. '안전한 자동차' 하면 벤츠를 연상하고 '물류운송' 하면 페덱스를 연상하게 되듯, '이스텔' 하면 그 품목에 있어서 '세계 최고'를 떠올릴 수 있는 일류상품을 만들어야 한다.

　셋째는 '고객밀착 전략'이다. 나는 이를 '주치의제도'라고 이름 붙였다. 어떤 분야건 경쟁이 심화된 오늘날, 앉아서 환자를 기다리는 병원은 더 이상 버틸 수 없다. 사업에서도 마찬가지다. 고객인 통신 서비스 사업자들에게 먼저 다가가서 주치의 역할을 하면서 그들과 함께하자는 것이다.

★ ★ ★

　내가 생각하는 경영방침과 전략을 제시한 다음에는 분명한 비전을 보여줘야 했다. 경영은 캄캄한 밤에 초행길을 방향만 잡고 차를 몰아 가는 것과 같다. 따라서 그 길을 함께 가는 사원들에게 잘 보이는 이정표를 세워주어야 한다. 그것이 바로 CEO의 역할이다.
　나는 기존의 단기·중기·장기의 기간구분을 1년·2년·3년으로 설정하고, 각각의 비전을 구성원들에게 제시했다.
　우선 내가 부임한 2002년을 '새출발의 해'로 삼았다. 새출발의 핵심은 변화와 혁신이며, 그것이 가능하도록 제로베이스에서 출발해야 한다고 강조했다. 그와 동시에 고객만족을 통해 매출을 극대화하고 이윤을 최대화해야 한다는 사실을 끊임없이 주지시켰다. 이제 더 이상 한국 시장이 목표여서는 안 된다. 세계 제일을 목표로 변화와 혁신을 도모해야 할 때인 것이다.
　다음으로 2003년은 '재도약의 해'로 정했다. 재도약의 핵심은 도전과 도약이다. 나는 사원들에게 할 수 있는 일만이 아니라 해야 하는 일에 과감하게 도전하자고 말했다. 미지의 세계를 개척하기 위해 밤새워 함께 노력하면서 도전과 도약을 이뤄내자고 강조했다.
　장기계획 3년째인 2004년은 '성취의 해'로 정했다. 여기서의 성취란 개인에게는 '최고의 보람'을 갖는 것이고, 기업으로서는 세계 최고의 경쟁력을 갖추는 것을 의미한다. 그러한 성취를 이루기 위해서는 경영방침과 경영전략 그리고 경영비전을 가지고 한 방향, 한뜻으로 함께 나아가야 한다. 나는 그러기 위해 나부터 솔선수범했으며 사원들도 그러하기를 바랐다.

★ ★ ★

한국 사람들은 마음이 움직여야 비로소 행동을 한다. 나는 사원들의 마음을 움직이는 키가 경영자의 '솔선수범'이고 '열린경영'이며 '대화'라고 생각한다. 말하기는 쉽지만 실천하기는 어려운 이 원칙, 단순하지만 영원불변의 진리라고 할 수 있는 이 원칙을 나는 고수해 왔고, 거기에서 나의 힘이 나왔다고 믿는다.

구성원들의 마음을 움직여서 기업을 성공으로 이끌기 위해서는 카리스마적 리더십이 필요하다. 그러나 그 카리스마적 리더십은 리더 개인의 강한 추진력이나 사람을 이끄는 능력에서 비롯되는 것이 아니다. 조직구성원에게 비전을 제시하고, 솔선수범을 통해 구성원들이 스스로 리더를 따르게끔 하는 것이 바로 카리스마적 리더십이다. 지위와 권위를 바탕으로 명령하고 지시하는 것이 아니라, 구성원으로 하여금 스스로 리더를 따라하고 싶게 만드는 것! 바로 그러한 리더십이 기업과 구성원의 성공을 불러오는 것이다.

리더는 삿대가 되어야 합니다. 배가 수심이 얕은 곳에 걸려서 나가지 못할 때는 삿대질을 합니다. 그럴 때 고마운 것이 삿대입니다. 하지만 그 위기를 벗어나 배가 순풍을 만나 쏜살같이 달릴 때, 삿대가 배 위에 나타나 이리저리 휘젓고 다니면 배 위에서 아무 일도 못합니다. 배가 잘 달릴 때는 삿대가 배 어느 한쪽에 보이지 않게 누워 있어야 합니다.

　리더는 삿대와 같아야 합니다. 위기일 때는 숨어서 보이지 않다가 위기를 벗어나 평화로울 때 나타나 거들먹거리면 꼴불견에 골칫거리입니다. 삿대라면 쓸모없을 때 부수어 불쏘시개라도 하련만 리더는 그렇게 할 수도 없으니 난감한 일입니다.

박해조의 『천국을 낭비하는 사람들』에 나오는 구절이다. 내가 부임할 당시부터 2년 가까이 이스텔호는, 수심이 얕아서든 안개가 심해서든 이정표가 없어서든 선원들이 각자 다른 곳을 보고 있어서든, 앞으로 나가지 못하고 있는 상황이었다. 진정한 삿대의 역할이 필요했던 것이다.

생살을 도려내는 아픔을 겪으며
고통 속에 반드시 혁신하리라

성공한 사람들에게는 분명 '다른' 무언가가 있다. 떠들썩하거나 엄청난 노하우는 아니지만 어떤 경우에도 지키고 실천하는 그 무엇이 그들을 성공으로 이끈 동력이다.

그런데 그 무엇은 대개 무척 단순해 보이는 것들이다. 단순해 보이지만 기본이 되는 그것들을 신념을 갖고 지켜나가는 이들이 성공하는 것이다.

기업도 마찬가지다. 성공하는 기업은 분명 그 기업을 지탱하는 힘을 갖고 있는데, 나는 그것을 '문화'라고 생각한다. 기업의 문화는 그 기업의 성격을 대변하고, 그것은 곧 생존력으로 이어진다.

이렇듯 기업문화의 힘을 확신하기 때문에, 나는 이스텔시스템즈에서도 기업문화를 만들어나가자고 강조했다.

나는 이스텔호가 어려움 속에서도 다시 멋진 항해를 할 수 있도록 다각도의 노력을 경주했다.

우선 경영위기를 극복하고자 2002년 4월, 1차 유상증자를 실시하여 220여 억 원의 자금을 조달하는 한편, 여의도사옥·보유주식·골프회원권 등 사업과 직접적인 관련이 없는 비업무용 자산을 매각해 차입금을 상환했다. 또한 공장 및 사무실의 사용공간을 축소하고 임대사업용으로 전환해, 임대수입을 확대하고 고정비용을 절감했다.

사업부문에서는 불확실한 단말기사업 등 무수익사업 부문을 정리하고 핵심사업 부문에 집중했다.

그런데 그러한 여러 가지 노력에도 불구하고, 인원을 감축해야만 하는 상황에 이르고 말았다. 지금까지 몇몇 회사를 경영하면서 내가 가장 하기 싫어하고 그래서 가능한 한 하지 않으려고 노력하는 게 바로 이 인원감축이다.

사실 재무구조로 보면 이스텔보다 더 심각한 위기였던 한국전기초자 때도 인원을 줄이지 않았다. 하지만 회사가 처한 상황 자체가 달랐기 때문에 이스텔에서의 감원은 피할 수 없는 일이었다.

한국전기초자에서는 모든 구성원이 함께 허리띠를 졸라매고 초인적인 노력으로 생산력을 키움으로써 위기를 극복할 수 있었다. 그것은 전세계의 불특정 다수가 한국전기초자의 고객이 될 수 있기 때문이었다.

하지만 이스텔시스템즈의 경우, 고객의 범위가 매우 한정적이었다. 정확히 말해 통신사업을 하는 기업이 이스텔시스템즈의 고객이었는데, 그들이 투자를 안 하면 우리 제품이 아무리 품질 좋고 서비스가 좋아도 소용없는 일이었다. 외부환경의 영향을 받는 정도가 무척 심했던 것이다. 고객사들이 투자를 하지 않는 상황에서 자체 노력만으로는 도저히 어찌해볼 방법이 없었다.

그 상황에서의 최선은, 상황을 투명하게 설명한 다음 사원들 스스로 선택하게 하는 것이었다. 나는 전사원에게 회사의 현황을 충분히 설명하고 이해시킨 다음, 앞으로 어떤 사업에 집중할 것인지 설명했다. 그 사업에 참여할 사람들만 남을 수밖에 없는 이유를 설명한 것이다.

그러자 구조적인 이유로 회사에 남을 수 없는 사원들이 알아서 사직의사를 보였다. 그렇게 200명 정도가 퇴사했다. 가능한 한 감원정책을 쓰지 않는 나로서도 어쩔 도리가 없었다. 미국의 시사주간지 《타임》은 이스텔의 감원과정에서 별다른 문제가 발생하지 않은 사실을 이렇게 보도했다.

전체 인원의 반을 줄였는데도 아무 문제가 없었다. 지금까지의 한국적 노사관계, 문화 속에서 보면 신기한 일이다. 이런 적이 없었다.

안타까운 일이었다. 남은 사원들도 편치만은 않았을 것이다. 하지만 그럴수록 더욱 일에 매달리고 비전을 향해 달려나갈 수밖에, 다른 길은 없었다.

★ ★ ★

혁신은 말로는 쉬워도 실천하기는 정말 어려운 일이다. 오죽하면 살갗을 벗기우는 고통을 감내해야만 혁신을 이룰 수 있다고 하겠는가. 우리는 매일같이 그것이 어려움을 새삼 느꼈고, 아침에 눈뜨면 어제 한 일을 다시 시작해야 하는 막막함을 느꼈다.

하지만 실상은 차근차근 진행되고 있었다. 고객사의 BMT(벤치마킹테스트)에서도 계속 합격했으며, 그동안 어려울 것이라고만 했던 연구개발 프로젝트도 순조롭게 진행되었다. 많은 부분에서 예상보다 빠른 속도로 순조롭게 잘 진행된 것은, 구성원 모두가 자신감을 회복해서 '힘 모으고 뜻 모으며 한마음으로 가면 된다'는 강한 생각으로 무장해 힘이 결집된 결과였다.

2002년 4월의 유상증자에서는 사원의 80% 이상이 우리사주를 청약했다. 이는 우리 회사가 다른 회사를 뛰어넘어 으뜸이 될 수 있다는 강한 자신감을 드러낸 것이라고 할 수 있다. 또한 시장에서 현재 받고 있는 신뢰보다 훨씬 높은 기대감을 갖고 있기에 나올 수 있는 결과였다.

★ ★ ★

어쨌든 생살을 도려내는 아픔까지 겪으면서 다시 출항한 이스텔호는 다가올 격랑과 암초들을 극복해 내기 위해, 어떤 상황에서도 쉽게 사라지지 않는 이스텔만의 색깔을 가져야 했다. 더 넓은 바다로 멋지게 항해해 나가기 위해서는 지금까지의 노력보다 몇 배 더 노력해야 하며, 그 노력이 중단되지 않기 위해서는 무엇보다 먼저 기업문화를 만들어야 했다.

그래야 혜성처럼 반짝 나타났다가 뒷심 없이 사라지는 '무늬만 혁신'이 아니라 진정한 혁신을 이룰 수 있고 마침내 기업이 정한 목표, 즉 이스텔시스템즈의 비전인 '작지만 강한 회사'를 만들어 세계 최고의 기업으로 우뚝 서겠다는 목표를 달성할 수 있는 것이다.

위기에 처한 기업들은 공통적으로 '재고가 많다' '빚이 많다' '미수금이 많다' 등의 문제를 안고 있다. 그럼 그런 문제들의 원인은 무엇일까? 구성원들이 제품을 값싸고 품질 좋게 잘 만들지 못했거나 제때 만들지 못함으로써 고객을 만족시키지 못하고, 그 결과 고객으로부터 외면당했기 때문이다.

여기서 답이 나온다. 고객으로부터 외면당하지 않고 고객이 찾는 기업이 되면, 그 기업은 성공할 수 있는 것이다. 그러기 위해서는 구성원 모두가 일을 중심으로 똘똘 뭉치고 일을 사랑하는 마음을 가지면 된다.

기업문화는 사람으로 치면 성격이다. 그렇다면 사람의 성격은 어떻게 만들어지는가?

사람의 일거수 일투족, 즉 행동은 생각(마음)의 지배를 받는다. 따라서 평소에 어떤 생각을 하느냐가 무척 중요하다. 동일한 행동이 되풀이되면 습관이 되기 때문이다. 부지런한 행동은 부지런한 생각에서 나온다. 생각이 부지런하면 행동이 부지런해지고, 부지런한 행동이 되풀이되면 부지런한 습관이 된다. 그리고 그 습관이 결국 그 사람의 성격이 된다.

사람에게도 각각 값이 있다. 그것은 각자의 성격에 따라 정해진다. 즉, 성격은 인간의 존재가치를 매기는 값의 기준인 것이다. 부지런하고 신용 있고 적극적이고 활동적이고 능동적인 성격을 가진 사람은 값이 나간다. 반대로 게으르고 신뢰성 없고 소극적이고 부정적이고 불평만 하는 사람은 값이 나가지 않는다.

마찬가지로 조직의 값은 그 조직의 구성원들이 어떤 생각을 갖고 있는지, 그 생각이 건전한지 아닌지에 따라 달라진다. 그것을 나는 기업의 문화라고 한다. 기업문화는 소속된 모든 구성원이 어떤 생활철학과 자세, 마음으로 세상을 살아가는가에 의해 좌우된다.

★ ★ ★

직원들과 담소를 나누다가 농담처럼 이런 말을 한 적이 있다.

"만약 정주영 전 현대 회장, 김우중 전 대우 회장, 이병철 전 삼성 회장이 지금 내 부하직원이라면 나는 정주영 회장에게는 현장소장, 김우중 회장에게는 수출부장, 이병철 회장에게는 관리부장을 맡겼을 것이다."

이 터무니없는 상상이 의미하는 것은, 사람에게든 기업에게든 '문화'가 중요하며, 그 사람 또는 기업을 특징짓는 척도가 된다는 것이다. 기업문화를 잘 만들어야 기업이 성공하며, 기업문화를 잘 만들기 위한 핵심은 '마음을 잘 먹는 것'이다.

나는 부모가 자식의 성격 형성에 영향을 미치듯, 기업문화란 그 기업의 구성원 모두가 서로에게 영향을 미치며 함께 만들어나가는 것이라고 생각한다.

탄탄한 기업문화가 필요하다
혁신을 완성하는 4가지 기업문화

위기에 처한 기업이 살아남기 위해서든, 탄탄대로를 달리는 기업이 더욱 비상하기 위해서든, 어떤 상황에서도 흔들리지 않는 그 기업만의 문화가 있어야 한다. 나는 기업이 어떤 문화를 갖고 있으며, 그 문화를 전사원이 얼마나 체화했느냐에 따라 그 기업의 성공 여부가 결정된다고 생각한다.

나는 이스텔시스템즈 사원들에게 다음과 같은 네 가지 기업문화를 만들어나가자고 제안했다.

첫째는 '일하는 문화'다. 일은 행복이고 축복이다. 일을 귀찮아해서는 안 된다. 우리는 일에 심취하고 몰입하면서 즐거움을 느껴야 한다. '일에 게으른 종'이 아니라 '일에 부지런한 주인'이 되어야 일을 하는 이유, 즉 원하는 목표를 달성할 수 있다.

둘째는 '공부하는 문화'다. 일이 바쁘다거나 이미 많이 공부했다는 이유로 공부를 등한시하는 사람에게는 더 이상 발전이 없을 뿐만 아니라 오히려 퇴보하게 되어 있다. 현재에 안주해서는 안 된다. 미래의 발전을 위해 스스로 공부하고, 서로 이야기하며 토론하는 습관을 길러야 한다.

셋째는 '변화와 혁신을 주도하는 문화'다. 변화와 혁신이라고 하면 거부감을 갖고 소극적으로 임하기 쉽지만, 변화와 혁신을 적극적으로 받아들이고 체화해야만 발전을 도모할 수 있다.

넷째는 '인간존중의 문화'다. 기업(企業)은 사람[人]이 모여서[會] 일[業]하는 곳이다. 그래서 사람이 제일 중요하다.

★ ★ ★

먼저 '일하는 문화'에 대해 살펴보자. 기업문화에 있어서 일하는 문화는 그야말로 '터전' 같은 것이며, 모든 기업의 존재이유와 직결되는 것이기도 하다. 일하는 문화를 만들어가기 위한 필요충분조건은 '일을 사랑하는 마음'이다.

일을 사랑하면 많은 것이 해결된다. 일은 내 삶이고 삶은 내 일이며 그 속에 보람과 행복이 있다고 믿을 때, 자신이 하는 일과 보람과 삶이 삼위일체가 되었을 때, 비로소 인간은 당당해진다. 어떤 일에도 초조해하지 않고 두려움을 느끼지 않을 수 있는 것이다. 조직은 그런 것을 이뤄나갈 수 있는 '장(場)'이다.

일하는 기업문화를 만들기 위해서는 구성원 모두가 자발적으로 행동해야 한다. 사장은 물론이고 직원 모두가 보다 진지하게 스스로 열심히 일해 으뜸이 되어야 그 기업이 으뜸이 된다. 각자 자신이 가지고 있는 잠재능력을 모두 발휘해 '우리는 할 수 있다'는 의지를 갖고 굳건히 뭉칠 때 기적 같은 일이 현실로 다가온다.

세월이 지난 뒤 자기 삶을 뒤돌아보았을 때, 자신의 회사생활이 손해와 피해로 얼룩졌다고 생각된다면 얼마나 비참하겠는가. 그런 생각이 절대로 들지 않도록 최선을 다해야 한다. 나는 어떤 기업에 부임하든 취임사를 할 때마다 잊지 않고 하는 말이 있다.

저는 여기 모인 어떤 사람보다 가장 늦게 이곳에 온 사람입니다. 또한 가장 먼저 이곳을 떠날 사람이기도 합니다. 하지만 저는 최선을 다할 것입니다. 이 회사의 주인은 여러분이고 저는 손님입니다. 주인이라는 생각을 가지면 책임이 훨씬 더 무거워지고 동시에 의젓하게 행동할 수 있을 것입니다.

일을 사랑하고 몰입하고 헌신하는 자세를 갖춰야 합니다. 상사가 시키니까 마지못해 하는 것이 아니라 일을 사랑하는 마음으로 스스로 적극적인 자세로 임할 수 있어야 합니다.

내가 두 번째로 제안한 '공부하는 문화'는 특히 이스텔시스템즈에

필요한 기업문화였다.

이스텔은 엄청난 아이디어를 필요로 하는 기업이다. 따라서 모두가 끊임없이 공부해야만 한다. 그런데 당시 이스텔 사람들은 다른 사람의 이야기에 귀를 기울이지 않았다. 서로간의 대화도 부족했고, 책을 많이 읽지도 않았다. 나는 다시 시작하는 마음으로 잠자리에 들기 전 한 시간도 좋고, 두 시간도 좋으니 꾸준히 책을 읽고 공부를 해나가자고 끊임없이 권했다.

많은 사람들이 독서와 공부의 중요성을 강조한다. 하지만 공부를 생활화하는 사람은 드물다. 당장 눈앞의 할 일 때문에 공부할 시간도 여유도 없다고 말하는 사람들을 볼 때마다 참으로 안타깝다. 물론 저마다 매일 해내야 할 역할이 한두 가지가 아니고 일 또한 엄청나게 많음을 모르는 바 아니다. 하지만 그 와중에도 부단히 공부해야만 다가오는 내일을 오늘과 다르게 만들 수 있다. 자신이 원하는 내일을 맞이하고자 한다면 공부를 게을리 해서는 안 된다.

오늘 편안함의 유혹을 물리치고 한 시간 공부한다면 10년 후에는 그것이 스스로의 실력이 되고 안목이 되며 삶을 살아가는 지혜의 밑거름이 될 것이다. 내일이 아니라 '지금'부터 철저히 훈련하고 자기 자신을 키워나가야 한다. 그것이 빠르게 변화하는 세상에서 승자가 되기 위한 기본이다. 한 기업의 구성원 개개인이 그렇게 끊임없이 공부하면 조직의 실력 또한 커갈 것이고, 아울러 그 조직은 그 개개인의 멋진 삶의 터전이 될 것이다.

★ ★ ★

　세 번째 '변화와 혁신을 주도하는 문화'는 변화의 시대인 오늘날 모든 기업이 반드시 갖춰야 할 기업문화다.
　언젠가 모자동차회사의 생산공장과 연구소 등 전국 곳곳의 현장에서 숙식을 같이하며 경영자문을 한 적이 있다. 그 회사의 그해 생산목표는 300만 대였는데, 많은 사람들이 지나친 목표 아니냐며 의구심을 표했다. 우리나라의 자동차 총 보유대수가 1,000만 대인데 한 해에 300만 대씩 만들어 어떻게 다 팔겠느냐는 얘기였다. 그러나 그것은 300만 대라는 수치가 그해 전세계 자동차 수요의 5%밖에 안 된다는 사실을 간과한 좁은 소견이다.
　지금은 국경이 없는 시대다. 우리는 이제 전세계의 시장을 향해 도전해야 한다. 그동안 이스텔이 고전해 온 이유는 바로 조그만 시골장터 같은 국내 시장만을 고집해 왔기 때문이다. 나는 이제 힘을 키우고, 능력을 키우고, 실력을 키워 전세계를 향하여 나아가야 할 때라고 강조했다.

★ ★ ★

　네 번째는 기업의 중심이라고 할 수 있는 사람을 중시하는 '인간존중의 문화'다. 그 조직이 잘되려면 구성원들이 서로를 존중해야 한다. 인간은 동물이 아니다. 각자의 양식과 상식을 바탕으로 서로가 서로를 존중하고 우대해야 한다. 그래야만 서로 일할 맛이 나게 된다. 어떤 일이 있어도 일방적으로 지시하는 일은 없어야 한다. 인간의 능력은 무한하다. 그 무한한 잠재능력을 발휘하도록 서로가 서로를 북돋워야 하는 것이다.

나는 이스텔시스템즈 구성원 모두가 주인이 되어야 할 때임을 선언하기 위해 유상증자 방법을 택했다. 단순히 자금을 조달하기 위해서라면 할증이 가능한 '전환사채'를 발행할 수도 있었지만, 할인의 '유상증자'라는 방법을 선택한 것은 사원들이 주인인 회사를 만들기 위해서였다. 우리사주를 통해 전사원이 주인으로서 스스로의 가치를 높임으로써 반드시 비전을 성취하자는 의지의 표현이었던 것이다.

'인간존중'이라고 하면 보통 감싸주고 술 사주고, 무언가를 해주는 것으로 생각한다. 물론 그런 분위기도 중요하겠지만, 내가 생각하는 인간존중 문화의 핵심은 좀 다르다. 그것은 각자에게 책임을 철저하게 부여해 주는 것이다.

『삼국지』의 유비에게서 그 예를 찾을 수 있다. 나라나 조직이 성공하려면 전략과 기술이 뒷받침되어야 한다. 유비 시절에는 전쟁중이었으므로 싸움기술과 전략이 중요했다. 그런데 유비는 전략수행가도, 뛰어난 장수도 아닌데 영웅이 되었다. 그 이유는 사람들에게 제각각 책임을 명확히 부여하는 인간존중 경영을 펼쳤기 때문이다.

어느 날, 영업1본부장이 와서 이렇게 말했다.

"1팀에 사람이 없어 일을 제대로 할 수 없습니다."

하나의 본부에는 3개의 팀이 있었다. 내가 되물었다.

"인원이 그렇게 많은데 사람이 없다니 무슨 소립니까?"

"나는 세 팀을 관리하는 임원이고, 1팀장은 1팀을 관리하는 역할이며, 그 아래인 차장은 솔직히 좀 미덥지 못하고 과장 한 명만 쓸 만합니다. 그 아래 대리 두 명과 사원 한 명은 과장을 보좌하는 역할이니, 무슨 일을 진행하려고 해도 사람이 없어 못하고 있습니다."

나는 1초의 머뭇거림도 없이 이렇게 대답했다.

"그렇다면 본부장이 팀장을 맡으세요. 그리고 팀장부터 사원까지 수평으로 나눠서 각각 독립된 일을 맡겨 책임을 주세요. 즉, 1팀에서 해야 할 일을 열거해 수평적으로 6등분하는 것입니다. 각자 자신있다고 하는 일을 맡기세요."

퇴근시간 사무실 풍경을 엿보면, 대리나 사원들은 과장이 있는지 없는지 살피면서 빠져나갈 궁리를 한다. 퇴근시간에 칼퇴근을 하는 게 문제가 아니라 그런 마인드가 문제다. 하지만 내가 본부장에게 말했듯 그렇게 일을 수평적으로 등분하여 각각 책임을 맡게 되면, 책임을 다하기 위해 각자 독립적으로 일을 하게 된다. 자신이 책임 맡은 일을 다 했다는 판단이 서면 근무시간중에도 다른 일을 볼 수 있고, 자기 일을 다 하지 못한 상황이라면 휴일이라도 나와서 일을 할 수 있는 것이다.

"지금 추진하고 있는 프로젝트에 일곱 명의 인원이 매달려 있는데, 그게 끝나고 다음 프로젝트를 시작할 때는 일을 4등분해서 네 명만 그 일을 하게 하고, 나머지 세 명에게는 새로운 프로젝트를 맡기세요. 새로운 사업에 투입하는 거지요."

그래야 원가가 내려가고 경력과 경험이 있는 사람이 전문적인 일에 계속 투입되는 것이다. 그것이 바로 자원의 개발이고 활용이다.

책임을 다하기 위해 최선을 다하여 노력한 사람만이 그 노력의 결과가 나왔을 때 진정으로 흐뭇해하고 보람과 긍지와 자부심을 느낀다. 그러한 감정들을 온전히 자기 것으로 느낄 수 있게 하는 것, 이것이야말로 인간존중의 문화 아닌가? 자신을 '누군가가 시키는 대로 하고 밥을 얻어먹는 사람'이라고 생각하고, 회사를 봉급수령처 정도로 여기게끔 하는 것은 진정한 인간존중이 아니다.

한국인은 스스로 알아서 하는 기질이 강하며 독립적이고 창의적이기 때문에, 자신에게 확실한 책임이 주어지면 어떤 룰이 없어도 잘해낸다. 일본인은 좀 다르다. 그들은 층층시하의 구조 속에서 관리, 감독, 감시하고 확실한 매뉴얼이 주어져야 능력을 발휘한다.

★ ★ ★

기업문화는 그 기업의 혁신이 일시적인 바람으로 그치지 않고 지속적으로 진행됨으로써 진정한 성공을 성취할 수 있도록 이끌어가는 원동력이다. 그러한 기업문화를 형성하기 위해 내가 이스텔시스템즈의 CEO로서 설정한 목표를, 나는 2002년 5월의 조회사를 통해 다음과 같이 발표했다.

첫째, 여기 모인 우리 모두가 '우리 회사는 정말 최고다' '최적의 회사다' '할 만하다' '자랑스럽다'라고 생각하도록 이 회사를 함께 만들어나가는 것입니다.

둘째, 우리 고객들이 '역시 이스텔이다' '이스텔의 제품을 사용해야겠다' '가격이나 상품 개발력이 최고다'라고 인정하는 회사, 즉 고객들이 선택해 주는 회사를 만드는 것입니다.

셋째, 주가를 높이고 자산가치를 높여 시가총액을 최고로 만들어서 주주나 투자자의 이익을 실현할 수 있도록 하는 것입니다. 그러기 위해서 우리는 신뢰를 쌓고 실력을 키워야 합니다. '떠날 사람은 이미 떠났고, 이제 남은 사람들이 하나로 뭉쳐서 보답할 것이다. 주가를 올리고 수익을 올리며 무차입을 통해 제1의 회사가 될 것이다' 하는 기대감을 갖도록 하는 것입니다. 이것이 시장의 신뢰입니다. 이러한 신뢰를 바탕으로 유상증자에 성공할 것입니다. 우리는 이미 여러 가지 어려움에도 불구하고, BMT나 납품에서 고객들로부터 잘하라는 격려와 새로운 기회를 부여받기도 했습니다. 현재는 시장신뢰를 갖고 있지만, 우리가 다시 거짓말을 한다면 이런 기회는 두 번 다시 오지 않을 것입니다. 이러한 신뢰를 지키기 위해 노력해야 합니다.

넷째, 우리에게 많은 지원을 해주고 자금을 빌려준 채권단에게 원리금을 정확히 상환해야 합니다. 올해 우리는 400억 원의 단기차입금을 모두 다 상환할 것입니다. 그렇게 되면 장기차입금 600억 원만 남게 됩니다. 따라서 재무구조도 개선하고 금융이자도 줄여서 수익을 내는 데 기여하도록 할 것입니다. 사실 국가의 경쟁력은 기업의 경쟁력을 바탕으로 해야 하는데, 기업이 정부의 관리대상이 되고 있는 게 우리의 현실입니다. 그러나 원칙적으로는 기업이 잘되어 세금을 많이 납부함으로써 국가가 발전하는 것이라고 봅니다. 그것이 이스텔의 발전이라 생각합니다.

오늘 아침, 내 말을 여러분이 얼마만큼 이해하고 있는지 알 수 없습니다만, 이 모두가 진실이며 이 이야기를 통해 여러분이 자신감을 가질 수 있기를 바랍니다. 이 회사에 단순히 노동이라는 상품을 제공하고 돈을 받아가는, '일에 게으른 종'이 아니라는 것을 스스로 다짐해 달라는 얘깁니다. 이곳이 내 꿈을 키우고 내 발전을 이루는 터전이라고 생각하고, 스스로 가꾸고자 하는 마음을 다져주시기 바랍니다.

회사에서 조금이라도 비밀스럽다거나 이해하지 못할 일이 발생하고 있다고 생각되면, 그 내용에 관해 설명해 달라고 요구해야 합니다. 그 상대가 사장이든 임원이든, 주저하지 말고 이야기하십시오. 서로의 이런 노력을 통해 남다른 기업문화를 형성하고 조직을 변화시켜야 합니다. 그렇게 함으로써, 어느 회사보다도 투명하고 정정당당한 우리의 터전을 만들어야 합니다. 내가 만드는 것이 아니라 우리 모두가 만들어가는 것입니다. 나는 한가운데서 여러분을 독려하는 존재입니다. 저는 어느 회사를 가든 이런 소박한 꿈을 굽히지 아니하였습니다.

사장은, 또 임원은 높은 사람이 아닙니다. 다만 그 일을 하는 데 있어 책임을 지는 사람이고, 결정을 빨리 하는 사람이고, 의견을 빨리 취합하는 사람일 뿐입니다. 또한 팀장은 모두가 함께 일함에 있어 무엇이 불편한지 보살펴주는 사람이며 평가하는 사람입니다.

　우리는 이 세상을 살아감에 있어 자유와 평등을 원합니다. 그러나 가장 훌륭한 사람은 자유와 평등 감각이 균형을 이루는 사람입니다. 평등은 기회의 평등을 의미하지만, 우리나라 사람들은 대부분 결과의 평등을 원합니다. 나는 철저히 평가해서 우수하고 능력 있고 열과 성을 다하는 사람에게는 최고의 보상을 해주되, 그렇지 아니하면 경고를 줄 것이고 그에 응당한 조치를 취할 것입니다.

　임직원들에게 나의 경영철학과 신념을 얘기할 때, 나는 그들이 얼마나 이해하고 얼마나 따라줄 것인지 조바심내지 않는다. 나의 진심을 얘기하고 나 먼저 실천해 나가면 결국 내가 원하는 결실을 맺게 된다는 것을 오랜 경험을 통해 터득했기 때문이다. 언행일치와 솔선수범의 강한 힘을 정확하게 알고 있기에 항상 자신이 있었고 두렵지 않았다.

　기업문화를 만드는 가장 큰 비결은 솔선수범이다. 솔선수범하는 사람은 모두가 존경하고 따르기 마련이다. 우리는 존경받는 모습으로 살아가야 한다. 기업인으로서는 특히 그렇다. 노동조합이 시끄러운 것은 많은 부분 그 회사의 CEO가 잘못하기 때문이라고 나는 생각한다. 그들은 노조원들에게 회사가 어디로 어떻게 가고 있는지, 그 결과가 어떤지를 전혀 알려주지 않는다. 알려주려는 노력도 하지 않는다.

"너희는 시키는 대로 열심히 일해서 봉급만 받아가면 되지 않느냐. 경영은 내 몫이다." 이런 태도로는 절대로 안 된다. 노동자들은 이렇게 생각할 것이다. '나는 노동이라는 상품을 팔고 그 대가를 받는 사람이다.' 그러니 더 이상의 발전이 있을 수 있겠는가.

지능지수가 낮은 다른 나라 국민들에게는 통할지 몰라도 우리 국민들에게는 안 된다. 우리 민족은 지혜롭고 창의적이다. 따뜻한 정이 많고 마음을 대단히 중시하며 활기가 넘친다. 그렇기 때문에 마음이 움직여야 감동을 하고 실천한다.

세계를 여행하면서 각 나라 국민들의 춤추는 모습을 보면 각양각색이다. 일본 사람들은 주로 어깨를 들썩들썩하고, 인도 사람들은 주로 고개를 까닥까닥하고, 동남아 쪽은 주로 손끝 발끝을 까닥까닥 움직인다. 반면에 우리나라 사람들은 온몸을 유연하게 움직이며 춤을 춘다. 그것은 온몸에 끼가 흐른다는 의미다. 그 끼는 곧 활력이다. 그런 끼를 가지고 있는 우리 국민은 한번 마음먹으면 대단한 힘을 발휘한다. 따라서 그런 마음을 갖도록 하는 일이 가장 중요한 것이다.

작지만 강한 회사
7가지 패러다임의 변화

구성원들이 하나의 목표를 향해 전진할 수 있도록 하기 위해서는 정확한 제시어가 필요하다. 어떤 숫자나 단어에 의도적으로 이유와 의미를 부여해, 사원들로 하여금 확실한 방향감과 목적의식을 갖도록 하는 것! 이것이 바로 리더의 역할이다.

과거 농경사회에서 산업사회로 진입하는 과정에서 박정희 전 대통령이 그것을 잘했다는 생각이 든다. 국민들에게 정확한 방향을 제시하고 동기를 부여할 수 있는 '이름'을 잘 활용한 것이다. '잘살아보세' '조국 근대화' '새마을정신' '100억 달러 수출' '1천 달러 소득' '경제개발 5개년 계획' '근면, 자조, 협동' 등등. 이러한 제시어들은 국민들에게 메시지를 정확하게 전달해 주었다.

느낌이 막연한 단어로는 사람들에게 공감을 주기 어렵다. 따라서 하고자 하는 의욕 또한 불러일으키지 못한다. 사원들의 참여의식을 불러일으키기 위해서는 구체적이고 정확한 비전을 명시하고, 그 비전을 잘 표현하는 메시지를 만들어야 한다.

★ ★ ★

나는 이스텔시스템즈 사원들에게 우리 회사를 '작지만 강한 회사', 즉 '전문성을 띠는 회사'로 만들자고 제시했다. 그리고 더 세부적인 메시지로 7가지 패러다임의 변화를 주문했다. 나는 숫자 7을 좋아하기 때문에 곧잘 7을 이용해 사원들에게 동기를 부여하곤 한다.

첫째는 '제품 수입 지양'이다. 즉, 부가가치가 높은 자체생산품을 판매하자는 것이다. 그래야만 실질적인 수익창출을 이뤄낼 수 있다.

사람들은 흔히 '매출이 얼마냐?'는 질문을 한다. 그만큼 외형을 중시한다는 얘기다. 그러나 매출이 많으면 뭐 하는가? 이스텔시스템즈는 한때 매출 3,526억 원을 기록한 적도 있다. 하지만 그 속을 들여다보면 허무하기 짝이 없다. 모두 외국 제품을 수입해서 판 것에 불과해, 앞에서는 돈이 남을지 몰라도 AS비용까지 합치면 뒤로는 적자였다. 그런 구조였기 때문에 2001년에는 경상적자가 820억 원에 이르는 상황까지 치닫고 만 것이다. 내가 부임한 2002년의 경상적자는 340억 원이었다.

2005년부터는 바야흐로 이스텔의 기술로 만든 명실상부한 '우리 제품'으로 시장에 나가게 되어 원가경쟁력이 좋아졌으므로, 경영의 질이 훨씬 나아지게 되었다.

둘째는 '선택과 집중'이다. 그동안 이스텔시스템즈의 가장 큰 문제는 방만한 사업계획이었다. 따라서 나는 부임 후 회사의 비전을 '작지만 강한 회사'로 정했다. 이제 선택과 집중이 매우 절실하고 시급한 과제로 부각되었다.

사실 당시 통신사업 부문은 거품이 많이 끼어 있었다. 하지만 이스텔의 경영진은 그 거품의 실체를 파악하지 못한 채 무조건 사업을 확장하고 많은 인원을 투입해 놓은 상태였다. 2000년 말부터 사람을 뽑았는데, 2001년 5월부터 상황이 급격히 나빠져 인원감축에 들어간 것을 보면, 얼마나 근시안적인 결정이었는지 알 수 있다.

셋째, '매출 시장의 다변화'다. 내가 부임했을 때 이스텔의 주고객은 세 곳에 불과했다. 고객이 고정되어 있다는 것은, 그만큼 운신의 폭이 좁다는 의미다. 더 많은 통신사업자와 기관을 고객으로 확보해야 더 발전할 수 있고 더 나은 조건으로 계약할 수 있다.

4년이 지난 현재 동원시스템즈의 고객은 점차 다양해져 유선통신사업자, 무선통신사업자, 지하철, 고속철 등으로 확장되었다. 고객을 다변화하는 데 있어 가장 중요한 핵심은 고객사의 벤치마킹테스트에 합격하는 것이다. 옛날식 영업이 아니라 기술로 승부를 걸어야 가능한 일이었다.

넷째, '경영요소 효율화'다. 1997~2000년, 기존의 통신사업자들이 증자를 하거나 새로운 사업자들이 생겨날 때 취득한 주식의 주가가 올라가는 바람에 큰 차액이 생겨, 회사 전체가 들뜬 분위기에 젖어 있었다. 하지만 그 돈은 본연의 사업을 해서 생긴 수익, 즉 사업수익이 아니었다. 기업의 진정한 성공은 영업이익을 많이 내는 것이다. 사업 외 수익은 기업의 목표가 될 수 없다. 게다가 그런 들뜬 분위기는 판단을 흐리게 만들어 경영상태를 점점 더 악화시킨다.

내가 부임했을 당시, 이스텔은 연간 100억 원이 훨씬 넘는 이자를 내고 있는, 어려운 상황이었다. 주가 상승으로 인한 수익 때문에 자만심에 빠져 바른 경영을 하지 못한 것이다. 그 상황에서 내가 취할 수 있는 가장 현명한 방법은, 자체제품 개발과 판매로 부가가치를 높여 빨리 무차입경영 상태로 가는 것이었다.

기업이 잘되려면 기업의 경영요소들을 중심으로 경영을 활성화하고 일을 창조해야지, 사업 외적인 재테크는 미봉책에 불과할 뿐만 아니라 오히려 기업의 발목을 잡는 경우가 많다.

다섯째, '기술영업'이다. 그동안의 인맥·접대 중심 영업을 지양하고 정확하게 기술로 승부하는 영업으로 진화해 나가야 한다.

종전의 영업관행으로는 이제 오래갈 수도 없고 실질적인 결과를 이끌어낼 수도 없다. 통신사업자들이, 이 회사로부터 기술을 배울 수 있고 이 회사 제품을 쓰면 자사의 통신품질도 좋아지고 원가도 내릴 수 있다고 판단해, 스스로 찾아오도록 하는 기술영업이 필요한 시대다. 4년이라는 세월이 흐른 지금, 기술영업의 결실이 이제 하나 둘 맺히고 있다. 우선 고객사들이 그들의 사업을 위해 우리 회사를 찾아오는 광경을 종종 볼 수 있다. 기술영업은 이렇듯 고객이 우리 기술을 선호해 찾아오게끔 만드는 것이다.

기술영업의 대표적인 결과물로는 3G중계기, DMB중계기, 휴대인터넷 중계기, 다양한 종류의 광전송장비 개발 등을 들 수 있다.

여섯째, '영업이익 창출'이다. 우리의 기술로 좋은 제품을 만들어 판매해서 생긴 이익이 진정한 이익이다. 그러한 영업이익이 확대될 때 기업은 안전한 터전을 갖게 되고 더 큰 비전을 향해 전진할 수 있게 된다.

일곱째, '사원들의 가치관 정립'이다. 사원들에게 일에 대한 가치관을 제대로 심어줘야 한다. 사원들이 직장을 단순한 봉급수령처가 아니라 자기계발을 하는 곳이라고 인식하고, 일이 곧 삶이라는 생각을 하게 될 때 기업도 개인도 발전할 수 있다.

일은 힘든 것이요
괴로운 것이라고 생각하는 이들이 많이 있다.
그러나 내가 힘주어 말하노라.
일하고 있을 때 그대들은
대지가 품고 있는 가장 소중한 꿈을 향하여
태어날 때 이미 그대들에게 주어진
생명의 꿈을 향하여 나아가고 있는 것이다.
부지런히 일할 때 그대들은
진실로 삶을 사랑할 수 있으며
일함으로써 삶을 사랑하게 될 때에
심오한 삶의 비밀을 깨닫게 되리라.

'시대를 초월한 지혜의 스승' 칼릴 지브란(Kahlil Gibran)도, '일'을 함으로써 삶을 사랑하게 되고 그런 과정을 통해 삶의 비밀을 깨닫게 될 것이라고 말하고 있다.

★ ★ ★

'7가지 패러다임의 변화'와 같은 구체적인 방향제시는 이스텔시스템즈가 성공적으로 혁신하는 데 큰 동력이 되었다.

물론 내가 부임하기 전에도 혁신운동이 있어왔다. 하지만 모두 실패했다. 그 원인은 무엇이었을까?

먼저 연구개발 측면에서 혁신이 실패한 가장 큰 이유는, 개발에 대한 집중이 제대로 이루어지지 않았기 때문이다. 과제(프로젝트)를 선정하는 과정이 철저하지 못했고 목표의식도 결여되어 있었다. 목표 없이 우왕좌왕하였으며, 계획 없이 인력만 모아놓은 꼴이었다. 그렇게 모인 연구개발자들도 비전 없이 타성에만 젖어 주어지는 일만 하는 상황이었다. 한마디로 열정이 없었던 것이다. 새로운 미래를 위해 연구개발을 해야겠다고 많은 팀을 만들고 사람들을 모았는데, 정말 중요한 방향성도 없었고 리더도 없었으며 체계와 열정도 없었던 것이다.

게다가 연구개발하겠다고 선정한 프로젝트들도 외국에서는 이미 개발되었거나 심지어 상품화까지 된 것들이 많았다. 연구개발에 잔뜩 투자해 놓은 제품들이 수입자유화로 인해 마구 쏟아져 들어오는 상황이 된 것이다. 상황이 이렇게 되자, 후발주자로 연구에 투자하느니 차라리 수입해서 잘 팔면 되지 않느냐는 의견에 힘이 실렸고, 그 바람에 연구개발 시간은 더 지연되었다.

결국 연구개발의 모양새는 갖추었지만, 절실한 타이밍을 맞춰야 한다는 강한 필요의식이 없었던 것이다. 그 이유는 두말할 것도 없이 동기부여가 부족하고 열정이 없었기 때문이다. 그렇게까지 기를 쓰지 않아도 먹고살 만하다는 안일한 생각과, 우리가 가지고 있는 돈이 얼만데 하는 자만심까지 보태진 결과였다.

★ ★ ★

1997년까지는 정부에서 통신사업을 육성했다. 한국통신을 통해 장비회사가 개발하는 장비는 거의 다 사주었기 때문에, 통신장비회사로서는 애써 변화를 도모하지 않아도 매출과 이익이 늘어나는 상황이었다. 심지어 대부분의 업계가 사투를 벌이던 IMF 때에도 큰 어려움 없이 지나올 수 있었다.

그런데 1998년에 들어서면서 사정이 달라지기 시작했다. 우리보다 훨씬 수준이 높은 외국 통신장비회사가 들어오면서 외국 장비를 직접 들여온 것이다. 뒤늦게 연구개발을 해봤자 뒤따라가는 모양새밖에 되지 않는다는 자각은 연구개발을 더욱 등한시하게 만들었다. 결국 연구개발보다는 외국 장비를 들여다 파는 오퍼상으로 안주하게 된 것이다.

문제는 그런 현실을 극복해 보겠다는 의지가 없었다는 점인데, 외국 장비를 들여다 팔아 이익을 내고 있었으며(1999년 매출액 1,553억 원, 2000년 3,526억 원), 보유하고 있는 자산도 많았기 때문이다. 특히 1998년에 KTF가 상장되면서 보유하고 있던 유가증권의 평가액이 1,300억 원에 달했다. 이러한 배경 때문에 연구개발 등에 대한 혁신적인 분위기가 싹을 틔우지 못했고, 그것이 바로 몇 년 후 좌초의 원인이 되었다.

현실에 안주하려는 안일한 태도로 인한 문제점은 2001년부터 서서히 나타나기 시작했는데, 2001년과 2002년에 적자가 많이 난 것은 외국 장비 판매업을 하다 보니 재고 등의 정리비용이 많이 들었기 때문이었다.

게다가 리더다운 리더가 없는 것도 큰 문제였다. '우리가 오퍼상이냐?'라는 불만을 가진 사원들은 물론, 오퍼상에 만족하려는 사원들에게 더 큰 비전을 제시해 줌으로써 그들의 열정을 끌어내야 했는데, 누구도 그러지 못했다. 구성원들에게 "함께 합시다"라고 자신있게 말할 수 있는 리더가 없었던 것이다.

휴일에도 회사 주차장에는
구성원들의 열정을 불러일으키는 솔선수범의 힘

언젠가 인터뷰를 하러 온 어떤 기자가 연구책임자인 이동호 상무에게 물었다.

"서 사장님의 경영스타일 중 가장 인상적인 게 있다면 무엇이라고 생각하십니까?"

이 상무는 잠시도 머뭇거리지 않고 이렇게 대답했다.

"첫 만남 때 사장님이 이런 말씀을 하셨습니다. '첫 달이니까 한 달에 10일만 여기서 자라. 다음달부터는 하루씩만 들어가라.' 그 말씀에서 사장님의 메시지를 알아들었습니다."

실제로 그는 집에서 자는 날보다 회사에서 자는 날이 많았다. 내 말은 열정을 갖고 솔선수범하라는 의미였고 그는 그것을 알아들었던 것이다.

나부터 시작해서 솔선수범해야 할 위치에 있는 구성원들의 솔선수범은 전체의 열정을 끌어내는 데 가장 효과적인 방법이다.

★ ★ ★

DWDM(광전송장비)을 개발할 때였다. 일정이 꽤 빠듯했기 때문에 토요일과 일요일에도 근무를 해야 했다. 한 팀이 20명인데, 그중 4~5명씩 돌아가면서 토요일과 일요일에 출근을 했다. 하지만 팀장은 매주 나왔다. 팀원들은 한 달에 한 번 정도 휴일근무를 했지만 팀장은 매주 휴일이 없었던 셈이다.

책임자가 나오지 않으면 팀원들의 사기가 떨어지기 때문에 팀장은 모든 팀원에게 얼굴을 보여주어야 했다. 그것이 바로 솔선수범의 가치관에서 나오는 결과였다. 그렇게 휴일에 함께 나와주는 팀장을 보면서 팀원들은 더욱 열정을 갖고 개발에 집중했다.

CEO 역시 마찬가지다. 연구원이나 임원이 휴일에 나왔는데, 주차장에 사장의 차가 있는 것과 없는 것은 하늘과 땅 차이다. 그래서 나는 특별히 사무실에서 처리할 일이 없더라도, 예정된 일이 없는 한 토요일이나 일요일에도 출근을 해서 책도 읽고 글도 쓰고 새로운 구상도 한다.

"사장님 차가 시금치도 아닌데, 휴일에 출근하면서 먼저 주차되어 있는 것을 보면 신기하게도 뽀빠이처럼 힘이 납니다."

일요일에 점심을 함께 먹으며 어느 임원이 한 말이다. 임원이 이러한데 사원들은 오죽하겠는가. 나는 솔선수범은 언제 어디서나 통할 수밖에 없는 가장 효과적인 기본원칙이라고 생각한다.

★ ★ ★

이스텔시스템즈는 한국전기초자와는 달리 연구개발이 주요활동이 되는 생산구조다. 따라서 단순히 노동시간을 늘린다고 해서 될 일이 아니었다. 무엇보다 먼저 연구원들의 자발성을 끌어내야 했다. 또한 독자적인 연구개발이 중심이므로, 어떻게 하면 단기간 내에 완벽한 제품을 개발해 내느냐가 관건이었다. 즉, 핵심생산성의 효율성을 높이는 문제였다.

나는 단기간 내에 완벽한 제품을 만들기 위해 다음과 같은 제안을 했다.

첫째, '일이 축복'이라는 가치관을 갖는다.

둘째, 동기부여는 스스로 하는 것이다.

셋째, 일에 대한 보상보다는 일의 재미에 중심을 둔다.

나는 이 세 가지 근본적인 정신을 토대로 많은 것을 주문했다. 사업은 타이밍을 맞춰야 이익을 내고 고객을 확보하는 데 성공한다는 것을 사례를 들어 얘기해 줌으로써, 어떻게 하면 시간을 줄이고 성과를 올릴 수 있는지에 열중하도록 했다.

핵심생산성을 높이기 위해서는 사명과 소명 의식을 갖는 게 중요한데, 이때 부서장이나 임원들의 역할이 무척 중요하다.

사실, 이스텔시스템즈에 와서 혁신을 주도해 나갈 때 제일 어려웠던 것이 구성원들의 몰입도가 수준미달이라는 점이었다. 자신이 맡은 일을 하다가도 퇴근시간이 되면 그냥 나가는 팀원이 많았다. 그런 일 때문에 팀장과 팀원 간에 자주 트러블이 생겼다.

무선팀을 맡고 있는 팀장은 집이 바로 회사 앞인데도 거의 회사에서 잠을 잤다. 일하는 문화, 일의 즐거움을 솔선수범으로 보여준 것이다. 그렇다고 가정을 등한시하고 회사일에만 매달려야 한다는 말이 아니다. 몰입도와 열정의 문제를 얘기하는 것이다. 팀장이든 팀원이든, 책임을 맡았으면 근무시간에 상관없이 그 책임을 다해야 한다. 월급이 목적이 아니라, 일을 마쳤을 때 과실을 따먹는 기쁨과 긍지를 느낄 줄 알아야 한다는 말이다.

이런 내 말에 대해 어떤 사람들은 세대간의 문화차이를 얘기하기도 한다. 젊은 세대들은 가치관이 다르며, 사명감이 부족하다는 것이다. 내 생각은 다르다. 나는 젊은 사람들이 소명의식과 사명감이 부족하다는 말을 인정할 수 없다. 가정이나 사회조직 속에서 길러지고 스스로 가꾸는 정도에 따라 다른 것이지, 세대의 문제는 아닐 것이다.

★ ★ ★

지난여름에 개봉된 영화 〈친절한 금자씨〉에서 주인공이 아주 냉소적인 표정으로 말한다.

"너나 잘하세요."

이 말에서 읽을 수 있는 부정적인 사회정서는 차치하고, 나는 '너나 잘하세요' 대신 '나부터 잘하자'는 말을 하고 싶다. 이는 비단 솔선수범만을 강조하는 말이 아니다. 조직이든 개인이든 잘되기 위해서는 자기 책임을 남에게 전가하기보다 자신부터 반성하고 자기 책임부터 제대로 감당하는 문화가 필요하다.

이스텔시스템즈의 문제점 중 하나가 바로 그러한 책임전가 풍토였다. 부서별로 서로를 탓하는 것이다. 특히 연구부문과 영업부문은 서로가 위기의 원인이라고 비판하기에 바빴다.

내가 보기에는 두 부문 모두 개선해야 할 문제점이 있었다.

우선 연구팀은 내가 기대하는 만큼 타이밍을 맞추지 못했다. 고객은 계속 기다려주지 않으므로 타이밍에 맞게 연구개발한 제품을 만들어내야 한다. 쉽게 말해 경쟁사가 만들기 전에 제품을 만들어야 하는데, 때를 놓치는 경우가 많았다.

영업부문은 고객이 무엇을 필요로 하는지를 읽어내는 능력이 부족했다. 물론 특정 업체를 상대로 하는 사업의 특성상, 고객들과 접촉하기도 어렵고 또 일단 접촉했다 해도 성과를 얻어내기가 쉽지는 않다. 하지만 영업활동 능력 또한 부족한 것이 사실이었다.

두 부문이 각각 가지고 있는 이러한 문제점을 개선하는 것도 시급했지만, 그보다 더 시급한 것은 서로를 탓하는 분위기를 잡는 일이었다. 나는 직제개편을 단행했다. 유선사업팀, 무선사업팀, 시스템사업팀, 사업관리팀, 품질경영팀, 고객지원팀, 경영지원팀, 이렇게 사업별로 팀을 구성하면서 영업팀과 연구팀을 통합한 것이다.

사실, 어떤 조직이든 영업팀과 연구팀(혹은 생산팀)은 서로 다투게 되어 있다. 영업팀은 '시원찮게 만드니까 못 판다'고 불평하고 연구팀은 '최선을 다해 만들어놓아도 못 판다'고 서로에게 불만을 터뜨리는 것이다. 이때 우리는 반드시 우리가 모실 대상을 생각해야 한다. 바로 '고객'이다. 고객의 요구를 이 두 부문이 똑같은 마음으로 파악해야 한다는 말이다.

직제개편을 통해 하나의 사업부 안에 연구팀과 영업팀을 함께 둠으로써, 사업부장이 두 팀을 다 관리하게 했다. 전에는 연구소장, 영업본부장, 관리본부장, 공장장이 따로 있어서 커뮤니케이션이 잘되지 않았지만, 직제개편 이후로는 훨씬 나아졌다.

이렇게 사업별로 팀을 구성하는 과정에서 팀 명칭도 바꿨다. 연구팀은 '연구개발팀'으로 바꿨다. 연구팀이라고 했더니 열심히 연구만 하면 되는 줄로 알았다. 연구만 하면 무슨 소용인가? 연구의 성과물이 상품으로 나오고 그것이 고객의 손에 가서 고객을 만족시키고, 그 결과 이익이 생겨야 한다. 그것이 기업이 존재하는 이유다. 그러려면 연구팀이 아니라 개발팀이어야 한다.

연구는 리서치다. 문제가 있기 때문에 그것을 해결하기 위해 모여 학문적으로 연구를 하는 것이다. 따라서 이상론적이며, 실제와는 다소 거리가 있을 수도 있고, 시간에도 쫓기지 않는다. 반면에 개발은 필요한 장소에 필요한 물건을 필요한 때에 공급할 수 있도록 하는 활동이다. 그래서 연구개발팀이라고 이름을 바꾼 것이다.

관리팀은 영업과 연구를 지원해 주는 팀인데 관리·감독하는 팀으로 받아들이는 경향이 강했다. 그래서 '경영지원팀'으로 바꿨다.

AS팀은 '고객지원팀'으로 바꿨다. 진정한 AS는 고객이 부를 때 가는 것이 아니다. 찾아다니면서 고객이 불편해하는 점은 없는지 살피고 해결해 주어야 한다.

이렇게 이름을 바꾸자 업무에 임하는 마인드가 많이 달라졌다. 단지 이름 하나를 바꿈으로써 그런 효과가 났다는 것을 믿기 어려울지도 모르지만…….

★ ★ ★

사업별로 팀을 구성한 다음부터는 영업팀과 개발팀이 합심해서 일을 해나갔다. 연구팀도 더 이상 자신들만의 비밀아지트 같은 공간 속에 갇혀 있지 않았다.

사실, 내가 처음 부임했을 때 가장 난감하고 적응할 수 없었던 것이 연구소를 자유롭게 드나들 수 없다는 사실이었다. 출입문이 암호화되어 있었던 것이다. 그러한 연구소의 폐쇄성은 업무의 성격상 이해해야 하는 부분인지도 모른다. 하지만 영업팀이 접근하기 까다롭다는 것은 조직 전체로 볼 때 바람직하지 않았다.

현장에서 고객의 요구를 파악한 영업팀이 그것을 연구팀에 전달해 주고, 연구팀은 그것을 참고하고 고려해 연구개발에 임해야 하는데, 그 소통이 원활하지 않았다. 연구팀에서 생각하는 제품과 영업팀에서 생각하는 제품의 방향은 다르기 때문에, 늘 살아 있는 토론을 통해 접점을 찾아야 하는데, 서로 자신만이 옳다고 주장했다.

사실, 누가 옳은지는 아무도 알 수 없는 일이다. 미래에 대한 필요성, 즉 고객의 요구는 예측할 수 있을 뿐이지 확정된 것이 아니기 때문이다. 결국 각각 자기가 예측한 것이 옳다고 주장하다 보니 통일점을 찾지 못하기 일쑤였다. 그러다 보니 연구팀은 영업은 고려하지 않고 연구만 하고, 영업팀은 팔 물건이 없다며 외국에서 수입해 팔자고 주장하는 상황이 이어진 것이다. 그러면 이번에는 또다시 연구팀에서 '우리가 오퍼상인가?'라며 불만을 제기했다.

이러한 대화의 부족은 부문간의 문제만이 아니었다. 같은 부문 안에서도 대화가 제대로 이루어지지 않았다. 가장 도드라지는 곳이 연구소였으며, 그러한 현실을 상징적으로 드러내는 것이 바로 높은 파티션이었다. 연구원 각자가 그 높은 파티션 안에 들어앉아 같은 연구원끼리도 대화를 나누는 일이 드물었다.

내 눈에 가장 거슬린 것이 바로 암호화되어 있는 문과 사람이 전혀 보이지 않는 높이의 파티션이었다. 내가 부임했을 때 거의 천장에 닿을 만큼 높았던 연구소 사무실의 파티션을 허리선 정도로 낮추는 데 1년 반이 걸렸다. 자발적으로 낮추도록 유도했기 때문이다.

사장인 내가 지시를 하면 당장에라도 낮출 수 있었겠지만, 그럴 경우 반발이 생기기 마련이어서 파티션을 낮추는 궁극적인 목표에 오히려 반하는 결과를 낳게 된다. 그러면 그 마음을 돌려놓는 데 1년 반이 아니라 3년도 더 걸린다. 일방통행의 결과는 그 후유증이 더 오래가기 때문이다. 특히 엔지니어는 속성상 외골수이며 내성적이고 자기고집이 강하다. 이런 사람들에게 일반관리직에게 하듯 일방적으로 지시를 내리면 안 된다. 자발적으로 하겠다고 할 때까지 기다려야 한다.

나는 그저 구성원들이 스스로 판단하고 실천할 수 있도록 문제제기를 해주는 사람일 뿐이다. 그래서 구성원들 스스로 대화의 필요성을 느끼게끔 계속 메시지를 던졌다. 특히 사업별로 통합한 것이 주효했다.

사업별로 합쳐놓으니 영업팀과 연구팀이 자주 왕래를 해야 했고, 연구팀 내부에서도 서로 자주 토의를 해야 했다. 왕래가 잦아지다 보니 그때마다 암호를 입력해야 하는 것도 번거롭고, 자주 토의를 하다 보니 높은 파티션도 거추장스러워졌다. 당연히 현관의 암호를 풀고 파티션을 낮추자는 의견이 나왔다.

★ ★ ★

우리나라 컴퓨터 바이러스 백신 시장에서 업계 1위 업체인 안철수연구소의 안철수 전 대표도 이런 나의 생각에 동의했다. 언젠가 안철수 대표의 요청으로 사원워크숍에 강의를 하러 간 적이 있다. 200여 명씩 나누어 1박 2일로 워크숍을 했는데, 안 대표의 희망사항은 매너리즘에 빠져 있을지도 모르는 팀원들을 흔들어 깨울 수 있는 강한 메시지를 전달해 달라는 것이었다. 나는 그들에게 솔직하게 이런 요지로 말했다.

"여러분에게 실망했다. '안철수연구소' 하면 우리나라 제일의 컴퓨터 바이러스 백신 전문 공급 연구소이고 수익성도 높아 재무구조도 좋은 곳인 줄 알았다. 그런데 실제 상황을 보니 코스닥 등록할 때 프리미엄 붙은 돈, 자본잉여금이 적립되어 있는 것이지 이익잉여금은 얼마 되지 않더라. 자본잉여금이 솔직히 여러분 회사 돈이냐? 고객들이 돈 잘 벌어서 배당금 많이 돌려달라고 맡긴 것 아니냐? 엄밀하게는 남의 돈이다. 몇 년 동안 성과라는 게 무엇이냐? 기업의 사명을 분명히 헤아려야 한다. 그러기 위해서는 이제 달라지지 않으면 안 된다. 안일한 마음으로 있을 때가 아니다."

듣기 싫을 수도 있는 내용이었는데, 강의가 끝나자 모두 기립박수를 쳐주었다. 그리고 두 번째 강의를 하러 갔을 때에는 들어갈 때부터 기립박수를 받았다. 역시 훌륭한 회사, 훌륭한 인재들의 멋진 모습이었다.

그 강의가 끝난 뒤 안 대표와 얘기를 나누었다. 그 역시 연구원들의 특성 때문에 연구소를 운영하는 게 보통 힘든 일이 아니었으며, 상징적으로 파티션 높이를 낮추는 데 많은 신경을 썼다고 했다.

가슴 벅찬 4년의 성과
겉과 속이 완전히 바뀐 동원시스템즈

성공한 회사나 기업에는 두 가지 조건이 있다.

첫째, 그 회사에 몸담고 있는 사장부터 말단사원까지 모든 구성원의 일처리능력이 뛰어나다.

둘째, 그 회사의 구성원 모두가 일하고자 하는 의욕으로 불타고 있다.

"성공한 기업의 두 가지 조건 중 첫째, 일처리능력은 우리 이스텔보다 더 나은 사람들이 모인 곳이 어디 있겠습니까? 우리 이스텔 식구들은 일처리능력은 모두 갖추고 있다고 생각합니다. 다만 일처리능력을 발휘하고자 하는 의욕 면에서는 다소 떨어진다고 생각합니다. 우리는 일하고자 하는 의욕이 솟구치기만 하면 조금도 걱정할 것이 없다고 믿습니다."

조회 때마다 나는 이런 말을 하면서 구성원들을 독려했다.

★ ★ ★

'작지만 강한 회사'를 향한 혁신의 발걸음은 점점 힘이 가해져 뚜렷한 성과를 내기 시작했다. 특히 사업별 직제개편은 여러 가지 측면에서 효과를 내며 변화의 물꼬를 텄다. 그로 인해 각 부문별 대화가 원활해진 것은 물론 변화가 감지되었다.

먼저 영업팀은 오래된 관행에서 벗어나 새로운 영업문화를 다져나갔다. 구태에 사로잡혀 있는 다른 기업도 마찬가지겠지만, 통신장비회사들의 경우 영업스타일이 접대·인맥 영업의 성격이 굉장히 강했다. 이스텔시스템즈가 새롭게 태어나기 위해서는 그러한 영업스타일부터 바꿔야 했다. 나는 그 어떤 부분보다 영업스타일의 변화를 강하게 주문했다. 접대문화는 사회적으로도 퇴출되어야만 하는 문화라는 확실한 신념을 갖고 있었기 때문에 강하게 밀고나갔다.

그 과정에서 불만도 표출되었다. 오랫동안 해온 방식을 갑자기 바꾸려니 당연히 부담스러웠을 것이다.

"돈 안 쓰고 어떻게 영업을 하느냐? 우리는 못한다."

"접대하지 말라는 말은 영업활동을 하지 말고 가만히 있으라는 말 아니냐? 당신이 한번 해봐라."

여기저기서 불만이 터져나왔다. 상당 기간 동안 영업활동이 부진했고 매출이 떨어졌다. 하지만 나는 자신이 있었다. 접대영업의 부정적인 면은 영업팀 스스로가 이미 느끼고 있으리라 믿었다. 그저 오래된 습관을 버리고 새롭게 변화해야 한다는 것이 부담스러웠을 것이다. 그래서 당장은 고통이 뒤따르고 손해인 듯 여겨져도 접대영업은 반드시 탈피해야 한다는 신념을 계속해서 전파했다.

그러자 결국 접대영업 대신 기술영업이 자리잡기 시작했다. 내가 부임한 뒤 영업팀의 접대비가 10분의 1로 줄었다. 물론 접대를 전혀 하지 말라는 말은 아니다. 하지만 지나친 접대문화를 깨뜨리고, 기술영업을 해야만 고객과의 관계가 더 오래 지속되고 성과가 나온다. 새로운 기술을 가지고 찾아가 내용을 잘 설명하고 방향을 설정해 주어, 고객 입에서 "아이디어가 생기고 도움이 되니까 기다려진다"는 말이 나오게 해야 한다.

처음에는 불만도 많았지만 기술영업의 진가를 몸소 경험한 영업팀의 실적은 날로 좋아졌다. 고객사 입장에서 볼 때 현실적으로 정말 필요한 파트너가 되게끔 한다는 마인드로 영업을 해야 한다. 어제도 술 마셔서 속이 쓰린데 오늘 또 찾아와서는 대접하겠다며 술이나 마시자고 하는 곳보다, 실질적으로 도움이 되는 제품을 가지고 와서 제품설명도 하고 방향도 잡아주는 회사를 찾고 기다리게 마련이다. 그렇게 하면 결국 고객 스스로 찾아오게 된다. 나는 우리 이스텔시스템즈가 그런 회사가 되기를 바랐고, 그렇게 만들자고 구성원들을 독려했다.

이제 기술영업이 선순환을 시작했기 때문에 상황은 많이 달라졌다. 우리가 만든 제품이기 때문에 거래처 사람들이 먼저 찾아와 기술을 배워간다. 우리 팀장들이나 엔지니어들이 그들 앞에서 제품을 설명하는 모습을 보면서 나는 상당한 자부심과 긍지를 느낀다. 그것이 기술영업의 장점이다.

영업이 이렇게 대변화를 이뤄냈다. 인맥·접대 영업에서 벗어나 기술영업으로 바뀌는 데 3년 정도 걸렸고, 솔직히 손해본 경우도 있었을지 모른다. 하지만 눈앞의 작은 이익이 아쉬워 원칙을 포기했다가는 다시 원점으로 돌아갈 뿐이라는 생각으로 묵묵히 가야 할 길을 걸어왔다.

★ ★ ★

연구팀도 낮아진 파티션이 대변하는 마인드 변화뿐 아니라 업무 내용에서도 변화가 생겼다.

과거에는 큰 품목의 판매에 길들여져 있어서 조그마한 제품에는 별 관심이 없었다. 하지만 급속도로 변화하는 시장의 환경을 강조하여 다품목 소량생산으로의 전환을 꾀했다. 달라진 시장환경에 적응하기 위해서, 연구소에서도 소수의 인원이 각각의 팀을 이루어 팀별로 고객이 요구하는 제품을 재빨리 연구개발할 수 있도록 바꿔나간 것이다. 매출규모가 작더라도, 그것이 경쟁력 있고 이익이 실현될 수 있는 체계임을 인지한 결과다.

직접 제품을 만들어내는 공장의 사원들 역시 5개 팀으로 나누어 새롭게 변화해 나갔으며, 고객지원팀은 서비스비용을 점차로 줄여가면서 질적인 서비스를 하는 팀으로 탈바꿈하기 위해 노력해 나갔다. 서비스비용을 줄이지 못하면, 결국 겉으로는 남지만 속으로는 밑지는 형태가 될 것이기 때문이다.

서비스부서인 경영지원팀은 사내고객인 영업부와 연구소와 공장이 활발하고 쾌적하게 일할 수 있도록 최선을 다했다. 물론 경영지원팀 역시 본연의 업무 또한 충실히 했다. 예를 들어, 조달팀은 원가를 절감하기 위해 구매가격 인하 등을 통해 매년 원가절감을 이뤄나갔다. 동시에 이스텔의 구성원들이 신나게 일하고 노력에 대해 적절한 평가와 보상을 받을 수 있도록 인사평가제도도 완벽하게 정비해 나갔다.

이처럼 성공적인 혁신을 위해 모든 팀이 다 같이 최선의 노력을 경주했다. 업무방법을 개선하고 생산성을 높임으로써 원가를 절감하고 이익을 실현하고자 한 것이다.

★ ★ ★

그러한 혁신의 과정에서 이스텔시스템즈는 또 하나의 특징을 만들어냈다. 바로 역할을 중심으로 한 팀의 구성이다.

대부분의 회사에서는 일반적으로 직급별로 팀이 구성되고 일도 그런 체제 속에서 이루어진다. 하지만 이스텔시스템즈는 그런 일반적인 현상을 극복했다.

사실 연구원들은 개인적인 성향이 강하다. 가끔 직급은 부장이지만 팀장을 맡지 않으려고 하는 사람도 있기 때문에, 아래 직급인 차장이나 과장이 팀장의 역할을 하는 경우가 있다. 예를 들어 수석연구원이 팀장인 과장보다 월급은 훨씬 많지만, 팀장의 지시를 받고 그 진행에 따라야 한다. 그러니까 이스텔시스템즈에서는 팀장이 '서열'의 개념이 아닌 것이다.

팀장은 지시하는 역할이 아니라 매니저의 역할을 하기 때문에 대화와 조정을 잘하는 사람이 맡아야 효율적이다. 능력에 따라 그에 맞는 역할을 맡아야 한다는 것을 혁신의 과정에서 모두가 인정했기 때문에 가능한 일이었다. 하지만 대부분의 사람들은 그런 구조를 받아들이지 못한다. 수석연구원이 직급이 낮은 선임연구원에게 일을 지시받고 보고하고 그 지휘를 받는 것을 받아들이지 못하는 것이다. 하지만 이스텔시스템즈에서는 이미 이루어지고 있는 일이다.

그것이 가능했던 이유는 그런 문화를 만들었기 때문이다. 그래서 문화가 중요하다.

팀장들은 월요일마다 1시간 30분가량 진행되는 아침미팅에 참석한다. 이 미팅은 사실 경영상황을 보고하는 데에만 그 의미가 있는 게 아니다. 사장이 가지고 있는 정보, 철학, 방향, 비전을 공유하는 시간인 것이다. 미팅에 참석한 팀장들은 자신의 팀원들에게 미팅에서 들은 이야기들을 전하는데, 만약 '~카더라'로 끝난다면 그 미팅의 의미는 사라진다.

사실, 이스텔시스템즈에서도 처음 얼마간은 '~카더라'라는 식으로 무의미하게 전달되었다. 하지만 시간이 흐르면서 점점 팀장 스스로가 공감하고 인정하게 되어 '~카더라'가 아니라 '~이다'로 전달하게 되었다.

★ ★ ★

혁신과정에서 업무의 내용은 아니지만 그 무엇보다 중요한 리더십에 대해서도 새로운 인식을 심어주기 위해 노력했다.

리더십의 주요내용은 미래를 예측하고 구성원을 미래의 비전에 맞게 정렬시키며, 어떠한 장애가 있더라도 비전을 성취하도록 잘 인도해 나가는 것이다. 이스텔시스템즈는 사실 리더십을 제대로 갖추지 못하고 있었다. 그전까지 회사에서는 중간관리자들에게 관리능력을 키우라고 격려해 왔고 직원들은 그저 시키는 대로만 해왔다. 지난 세기, 즉 20세기에는 관리가 절실했기 때문이었을 것이다.

하지만 관리에만 치중한 회사의 경우, 불행하게도 '관리지향적인 문화'가 체질화되어 임직원 모두가 리더십을 익히기 어려워진다. 관리지향적이 되면 내부지향적인 기업문화가 팽배해지고, 과거 시장에서 거둔 조그마한 성공을 자꾸 내세우다 보니 조직 내에 자만심만 비정상적으로 확대된다. 또 남의 말을 잘 들으려 하지 않고 새로운 것을 배우는 데도 거부감을 갖거나 매우 더디게 된다. 따라서 회사에 영향을 미칠 위험요소나 기회요소를 제대로 감지하지 못하고, 빠르게 변화하는 외부환경에 적극적으로 대응하는 힘을 잃게 된다. 리더십이 결핍된 조직은 이처럼 어려운 환경을 헤쳐나가는 데 필요한 자생력을 잃고 만다.

내가 처음 부임했을 때 이스텔시스템즈 역시 그랬다. 임직원들은 리더십이 결핍된데다 오만하고 편협하며 관료적이었기 때문에, 변화에 대해 거부감을 갖고 있었고, 부문간이나 팀간에 대화조차 제대로 이루어지지 않는 상태였다. 구성원들은 모두 업무환경이 좀 낫거나 급여를 더 주겠다는 회사는 없는지 귀를 쫑긋 세우고 있었다.

그런 상황에서 가장 절실하게 필요한 것은, 경영혁신에 모두가 함께 참여하는 일이었다. 경영혁신을 성공적으로 추진하기 위해서는 70% 이상의 리더십이 필요한 반면, 관리에는 30%만 필요하다고 말할 수 있다.

경영혁신 과정은 자기 희생과 헌신, 그리고 각자의 창의력을 절대적으로 필요로 한다. 마지못해 따라오는 것이 아니라 자발적인 참여가 이루어져야 하며, 개인의 목표가 조직의 목표와 일치되어야 한다. 그리고 그런 노력이 중단 없이 이루어지도록 하기 위해, 그 노력이 성과를 내도록 하기 위해 반드시 필요한 것이 바로 리더십이다.

나는 모든 임직원의 리더십 향상을 위해 끊임없이 대화하고, 열린 경영을 통해 구성원 모두가 회사 전체의 상황을 읽어내는 시각을 가질 수 있도록 노력했다.

★ ★ ★

내가 함께한 지 4년, 그 이전과 달라진 점은 대략 다음과 같다.

첫째, 임원들이 과거에는 자기가 맡은 부분만 알면 되었지만, 이제는 회사 전체를 앎으로써 경영이라는 것이 무엇인지 분명히 알게 되었다.

둘째, 임직원 모두가 원가가 무엇인지, 그 개념에 대해 정확히 인지했다. 그리하여 어떻게 하면 원가를 줄일 수 있는지 알게 되었다.

셋째, 경영을 알게 되었으므로 리더십이 배양되었다. 즉, 정보를 공유하고 비전을 제시하며 솔선수범하는 태도를 기르게 된 것이다. 임원 중 누가 사장이 되어도 해낼 수 있을 만큼 자질 수준이 향상되었다.

4년 동안 회사 전체의 사정이나 사장이 하는 모든 일을 완전히 공개하고 논의했으며, 자금·영업·생산·연구 등을 공동적으로 같이 해왔기 때문에, 누구나 사장 역할을 해낼 수 있다. 과거에는 그런 전체적인 경영내용을 제대로 아는 임원이 없었다. 연구면 연구, 관리면 관리만 알고, 영업이며 코디네이터의 역할을 할 필요성도 자질도 갖추지 못했던 것이다.

임원들뿐만 아니다. 동원시스템즈의 모든 구성원의 이해가 동일해졌다. 경영이라는 큰마당에서 같이 놀다 보니까 각자 할 일을 스스로 알아 하게 된 것이다. 솔선수범과 열린경영이 빛을 발해 동원시스템즈가 가야 할 길을 환히 비추고 있다.

21세기의 전문경영인에게

21세기의 경영은 어떠해야 하는가? 답은 명백하다.
지금까지의 권위주의적인 문화에서 벗어나, 모든 구성원이
정보를 동등하게 공유하고 자유롭게 대화할 수 있는
문화가 21세기 경영의 핵심이다.

> 내 경영철학이란 별다른 게 아니다.
> 전사원의 생각과 나의 생각을 일치시키는 것뿐이다

왜 일을 해야 하는가
함께 비전을 만들고 실천한다

하루 세 끼 끼니 때우기에 급급한 거리의 노숙자도 꿈속에서는 언젠가 그 상태를 벗어나 떳떳한 사회구성원이 될 자신의 미래상을 그린다. 이른바 '달동네'에서 하루하루 어려운 살림을 꾸려가고 있는 사람들도 미래에는 당당한 주인공이 되겠다는 웅대한 포부를 갖고 있다. 하물며 '회사'라는 이익단체를 꾸려가는 사람이 그 조직의 나아갈 방향과 추구할 목표를 명쾌하게 제시하지 않는다면, 그는 이미 리더의 자격이 없는 사람이다.

쉽게 얘기해서, 개인이든 집단이든 '앞으로 이러이러하게 해나아갈 것이고, 그 목표가 성취됐을 때 나(혹은 우리)는 이런 모습이 돼 있을 것이다'라는 미래상(未來像)을 갖고 있어야 하는데, 그것이 바로 비전(Vision)이다.

회사의 경영을 책임진 전문경영인의 경우 '비전 만들기'야말로 리더십의 핵심요소다. 경영혁신의 기본방향을 옹골지게 담아낸 비전은, 구성원들로 하여금 개개인의 단기적인 이익보다 회사 전체에 도움이 되는 행동을 하도록 유도해, 조직의 힘을 한 방향으로 이끄는 마력(魔力)을 발휘한다. 물론 '좋은 비전'이어야 한다는 전제가 붙는다.

나는 '좋은 비전'의 조건으로 다음 몇 가지를 꼽는다. 첫째, 비전이 실천되었을 때 장래 조직이 어떤 모습으로 변모해 있을지 상상할 수 있어야 한다. 둘째, 회사의 이해당사자가 이익을 기대할 수 있어야 한다. 셋째, 추진과정이 구체적이고 실행 가능한 것이어야 한다. 넷째, 환경 변화에 대응할 수 있도록 독자적이면서도 융통성이 있어야 한다. 다섯째, 비전의 구호가 명료하고 쉬워 쉽게 전파할 수 있는 것이어야 한다.

★　★　★

그러나 제아무리 좋은 비전을 만들었다 해도, 사장실 벽면의 액자 속에만 갇혀 있거나 직원조회 시간에 성의없이 습관적으로 한 번씩 복창하는 구호로만 존재한다면, 초등학교 교실에 붙어 있는 '착한 사람이 되자'라는 급훈과 다를 게 없다. 비전은 구성원 모두에게 전파돼 모두가 공유할 때 그 생명력을 얻는다. 일방적인 지시와 상명하달의 형식이어서는 안 된다는 말이다.

여기서 CEO의 열린경영 마인드가 필요하다. CEO는 현재의 회사 상황을 숨김 없이 털어놓고, 왜 그런 비전을 설정하게 되었는지, 그 비전을 성취하기 위해서는 구성원 각자가 어떤 실천적인 노력을 해야 하는지, 비전을 성취한 뒤에는 조직 자체가 어떻게 달라지게 되며 개인에게는 어떤 이익이 돌아갈 것인지를 구체적이고도 정직하게 설명하고 이해를 구해야 한다.

행동은 가장 강력한 의사소통 수단이다. 나는 한국전기초자에 부임했을 때, 1차연도의 비전을 '혁신'으로 정하고, 자본·설비·기술 등 7가지 구조조정 계획을 발표했다. 그리고 3890이라는, 네 개의 아라비아 숫자로 조합된 구호를 세부 실천사항 중 하나로 제시했다. 연간 생산량 3,000만 개, 전면유리 수율 80%, 후면유리 수율 90%, 클레임 제로(0)의 머리글자를 따서 만든 슬로건이었다.

처음에는 불가능한 목표라며 고개를 젓던 직원들도, 끊임없는 대화를 통해 설득하고 나를 비롯한 임원들이 솔선수범해 나가자, 이내 아픔을 감수하고 그 목표의 달성을 위한 열기에 동참해 주었다. 결국 우리는 그 비전을 1년 만에 성취해 냈다. 만일 막연하게 '불량품을 줄이자'거나 '수율을 높이자'라고만 부르짖었다면 이루어낼 수 없는 성과였다고 자부한다.

CEO가 내건 비전은 구성원들이 갖고 있을지도 모르는 '내가 왜 이 일을 해야 하는가' 하는 의구심에 대한 확고한 대답이다. 또한 그것이 성취되었을 때 '나와 우리 회사는 어떤 모습으로 달라져 있을 것인가'에 대한 희망의 메시지가 되어야 한다.

'당신의 위기'가 아닌 '우리의 위기'
구성원 모두가 위기의식을 공유해야

    2006년은 다시 '월드컵의 해'다. 많은 국민이 새해 소망으로 '월드컵에서의 선전'을 꼽았다고 한다. 2002년 광화문을 수놓았던 붉은 악마의 함성과 감동이 또 한 번 재연되기를 나 또한 기원한다.

    나는 축구경기를 좋아하기는 하지만, 솔직히 축구에 대해 전문적인 식견이 있는 사람은 아니다. 다만 2002년 월드컵 4강신화를 견인해 낸 거스 히딩크 감독 이후 축구대표팀 감독이 자주 바뀌는 모습을 지켜보면서 안타까움을 금할 길이 없었다. 다행히 딕 아드보카트 감독이 부임한 이후로는 별 잡음 없이 월드컵 준비에 박차를 가하고 있는 것 같아 안심이 된다.

    본프레레 감독은 모르겠지만, 2003년 축구대표팀을 맡았던 움베르토 코엘류 감독은 전임 히딩크 감독에 비해 대단히 열악한 상황에서 국가대표팀을 맡았던 것으로 보인다. 한국 축구의 국제적인 위상으로 보나 국내외 프로팀에 진출해 뛰고 있는 가용(可用) 자원(선수들)으로 보나, 히딩크가 부임했을 때보다 훨씬 유리한 여건이 아니었느냐고 반문하는 사람도 있을지 모른다. 그러나 내가 열악한 환경이라고 말한 이유는, 선수와 팬 그리고 주무기관인 축구협회가 갖고 있던 위기감의 정도에 있다.

히딩크가 한국 축구의 사령탑을 맡았을 당시에는 시드니올림픽 예선 탈락, 아시안컵 3위 등 형편없는 성적으로 만신창이가 된 상태였기 때문에, '한국 축구, 이대로는 안 된다'는 위기감이 팽배해 있었다. 그러나 코엘류는 나라 전체가 '월드컵 4강'이라는 환상에 들떠 있을 때 지휘봉을 잡았다. 위기감이란 찾아볼 수 없는 상황이었다.

성공적인 경영혁신의 제1단계는 위기에 대한 공감대를 형성하는 것이다. 기업경영에서 '위기'라고 하면 흔히 '부도 직전의 위태로운 상태'를 떠올린다. 그러나 그것은 대단히 미시적이고도 사전적인 풀이다. 국제적으로 위기관리를 잘하기로 정평이 나 있는 도요타의 경우, 1년 매출액만큼의 현금자산을 보유한 상황에서도 '이대로는 안 된다'라고 얘기한다.

오랜 시간 고요함을 즐기면서 자만심에 빠져 있다가, 가끔씩 깨어나 급하게 무엇인가 해보려는 20세기형 기업경영 방식은 더 이상 통용되지 않는다.

경영혁신 전문가 존 코터의 얘기다. "빨라지는 외부환경의 변화속도에 성공적으로 적응해 나가기 위해서는, 위기의식을 항상 평균 이상으로 유지하도록 노력해야 한다"는 것이다.

그런데 효율적으로 위기감을 조성하기 위해서는 전제해야 할 것이 있다. 바로 열린경영이다. 위기의 내용과 원인을 솔직하게 공개하지 않고서는 위기극복을 위한 동참을 유도할 수 없기 때문이다. 생산현장의 근로자들은 저만치 제쳐두고, 간부들만 서류철을 들고 이리저리 뛰어다니면서 급하게 '무언가 해보겠다'며 긴급회의를 열고 부산을 떨어봤자, 근로자들에게는 '당신들의 위기'에 지나지 않는다.

위기의 실상에 대한 정보를 낱낱이 공개하고, 구체적인 극복방안을 단계별로 제시해야 한다. 그리고 그 위기를 극복했을 때 우리가 맞이하게 될 성과까지 일목요연하게 설명하고 나서, 구성원 각자의 동참을 설득해야 한다.

막연하게 "회사가 어려우니까 이만큼 희생하고 인내해야 한다"라고 하는 것은 "키는 내가 알아서 잡을 테니 너희들은 잔말 말고 노만 열심히 저어라"라고 얘기하는 것과 진배없다. 거센 풍랑을 맞이한 배의 선원이라면 모두가 알고 있어야 한다. 기상은 어떠한지, 풍랑을 헤쳐나가자면 얼마만큼의 노력을 기울여야 하는지, 어떤 항로로 얼마나 항해해야 목적지에 닿을 수 있는지, 목적지에 도달하면 무엇을 성취할 수 있는지……. 그래야만 거센 풍랑과 암초를 잠재우고 마침내 목적지에 닿을 수 있다. 이 과정에서 경영책임자를 비롯한 간부들이 솔선수범해야 함은 두말할 나위가 없다.

★ ★ ★

역설적으로 말하자면, 한국 축구에서 월드컵 4강신화를 이룩한 직후야말로 위기감이 실종된, '위기감의 위기'였다고 볼 수 있다. 위기임에도 위기가 아니라는 생각이 팽배해 있는 상황이야말로 최대의 위기가 아닐 수 없다. 구성원 모두가 위기를 공감했다면 혁신의 5부 능선은 넘었다고 할 수 있다.

물론 대안 없는 위기의식이 만연되면 패배주의에 젖기 쉽다. 이때 중요한 것은 구성원 각자가 스스로 동기부여할 수 있는 사람이 되도록 키워주어야 한다는 점이다. 이는 독서와 기타 교육을 통해 가능하다고 본다. 평생학습에는 마침표가 없다. 조직 전체가 스스로 학습하고 자발적으로 동기를 부여해서 자기최면을 걸고, '나는 할 수 있다'는 셀프토크(Self Talk)를 통해 절망과 실망을 극복하는 것이야말로 가장 강력한 위기극복 방안이 될 것이다.

열정 없이는 혁신도 없다
평생학습하는 사람들의 4가지 습관

1974년 미국 하버드대 비즈니스 스쿨을 졸업한 115명의 행적을 20년 동안 추적한 연구보고서가 있다. 이 보고서에 따르면, 졸업 당시 경제여건이 좋지 않았음에도 불구하고, 이들 대부분이 자기 직장에서 성공을 거둔 요인은 다음의 두 가지 공통점 때문이라고 한다.

첫째, 항상 도전하는 사람이다. 다시 말해, 이미 성공해 편안하고 잘되는 조직 속에 있는 것이 아니라, 일이 어렵고 힘들더라도 생동하는 조직 속에서 노력하는 사람이 성공하더라는 얘기다.

둘째, 평생학습을 하는 사람이다. 평생학습은 지식과 기술의 수준, 특히 리더십의 수준을 지속적으로 향상시킨다. 이 리더십이 중요한 것은, 이를 통해 점점 복잡해지고 발빠르게 변화해 가는 세계 경제를 다룰 수 있기 때문이다.

하버드대 비즈니스스쿨의 존 코터 교수는 이렇게 이야기한다.

> 평생학습을 하는 사람은 성공한다. 그런데 그 평생학습을 돕는 정신적인 습관에는 네 가지가 있다. 이러한 정신적인 습관이 평생학습을 가능하게 한다.

그가 말하는 네 가지 정신적인 습관은 무엇인가?

첫째, 안일함을 자진해서 반납하는 것이다. 사람들은 대부분 가능하다면 수월한 일에 안주하려고 한다. 그러나 성공한 사람들은 그러한 습성을 과감히 버린다. 그들은 익숙하고 편안한 일과 시간에 몸을 파묻지 않고 또 다른 일을 만들어나간다. 대부분의 직장인이 술 한잔 하고 쉴 밤시간에 경영대학원에 나가 공부하는 사람들, 휴일을 반납하고 열심히 일하는 사람들, 남이 잠잘 때 깨어 있고 남이 쉴 때 일하는 사람들이 성공한다.

둘째, 항상 자기 자신을 낮추고 자기 잘못을 반성하는 태도다. 이는 우리가 늘 칭송하면서도 자기 것으로 체화하기는 어려운 삶의 자세다. 주위를 둘러보면 모두 자기가 잘났다고 생각하고, 자기가 잘하고 있는 것을 이야기하고 싶어하며, 자기를 돋보이기 위해 남을 비방하는 사람들 천지다. 하지만 그런 태도로는 성공할 수 없다. 남을 탓하기 전에 먼저 자기 자신을 돌아보고, 다른 사람을 높임으로써 자신도 함께 돋보이는 사람만이 성공의 열매를 딸 수 있다.

셋째, 항상 다른 사람의 이야기를 끝까지 경청하는 태도다. 다른 사람의 이야기를 경청하기란 쉽지 않다. 참 어렵다. 경험에 의하면, 우리 한국 사람들은 퍽 감성적이고 감정적이다. 감정을 앞세운다는 말이다. 감정을 앞세우는 사람들은 상대방의 이야기를 잠시 듣다가 별로 마음에 들지 않으면 이내 귀를 닫아버린다. 공자는 예순이 넘어야 귀가 순해져 남의 이야기를 잘 이해하게 된다고 했다. 그래서 예순 살을 이순(耳順)이라고 하지 않았는가. 그런데 예순이 되어 귀가 뚫리면 무엇 하는가? 이제는 '사오정'이라 해서 45세면 정년이라고 하는데 말이다. 뿐만 아니다. '38선'이라고도 한다. 그러니 하루 빨리 귀를 열어야 한다.

넷째, 열린 마음으로 인생을 보고자 하는 의지다. 즐거운 마음으로 새로운 일에 다가가야 한다는 얘기다. 직위나 직책이 있고 경험과 경륜이 있는 사람들은 대부분 새로운 일, 새로운 변화에 거부감을 갖는다. 그러나 변화를 두려워한다면 성공과도 그만큼 멀어진다.

★ ★ ★

사실 혁신은 아무나 하는 것이 아니다. 그런데 우리는 너무 쉽게 혁신을 말한다. 우리가 제대로 혁신을 하려면, 그 본래 뜻부터 알아야 한다. 혁신을 한자로 쓰면 '革新'이다. 즉, 가죽 혁(革)에 새 신(新)이다. 뜻으로 보아서는 빛날 혁(赫) 자를 쓸 법한데, 가죽 혁 자를 쓰는 것이다.

이는 혁신에는 '가죽을 벗기우는 아픔'이 있다는 의미다. 실제로 가죽을 벗기면 모세혈관이 터지고 살점이 떨어져나간다. 혁신에는 전략수립 단계와 실행과정이 수반된다. 여기서 실행과정이 더욱 중요하다. 혁신의 실행에는 아픔과 어려움이 있을 수밖에 없다. 때로는 속된 표현으로 피를 봐야 하는 경우도 있다. 그러니 열정이 없이는 혁신을 이루기 어렵다.

얼마 전 〈패션 오브 크라이스트Passion of Christ〉라는 영화가 상영되었는데, 우리말로는 〈예수의 고난〉이라고 번역되었다. 열정은 고난을 통해 비로소 열매를 맺는 것이다.

만약 혁신담당자가 되거나 혁신을 하려고 한다면, '피를 봐야 한다'는 현실에 대해 자신이 있는지부터 생각해 볼 일이다. 그래서 자신이 없으면 아예 처음부터 손을 들어야 한다. 그래야 더 많은 피를 보게 되는 오류를 피해갈 수 있다.

이렇듯 혁신에 아픔이 따르는 것은 변화라는 핵심요소 때문이다. 새로워지기 위해서는 바뀌어야 한다. 특히 높은 사람이 바뀌어야 한다. 사람들은 흔히 '나는 아니고 상대방이 바뀌어야 한다'고 생각한다. 그러나 변화란 '나 자신이 먼저 바뀌는' 것이다. '남을 어떻게 바꾸느냐' 하는 것은 그 다음 문제다.

공자는 열다섯 살에 '학문에 뜻을 두었다〔志學〕'고 했다. 하지만 이제는 60대에 이르기까지 끊임없이 공부해야 한다. 또한 '예순에는 남의 말을 듣기만 하면 곧 그 이치를 깨달아 이해하게 되었다〔耳順〕'고 했다. 하지만 이제는 10대 때부터 귀를 열어 남의 말을 이해해야 한다. 그래야만 날마다 새로워질 수 있다.

자기계발에는 끝이 없다
스스로 공부하는 즐거움

주5일 근무제의 확대시행이 발표됐을 때 당사자격인 직장인들을 제외하고 이를 가장 환영한 것은 아마도 관광·레저 산업, 혹은 요식업을 하는 사람들이었을 것이다.

예상했던 대로 고속도로는 금요일 저녁부터 정체되고, 유명 관광지에는 도시를 빠져나온 승용차들이 넘쳐난다. '휴식이 길면 곰팡이가 낀다'는 말이 있긴 하지만, 닷새 동안 열심히 일하느라 지친 심신을 다독일 수 있는 주말의 휴식은 대단히 중요하다.

그런데 최근 들어 토요일 휴무를 자진 반납하고 출근하는 직장인들이 늘고 있다고 한다. 많은 회사에서 토요일 오전에 두세 시간씩 각종 외국어 강좌나 컴퓨터교육 프로그램을 무료로 개설해, 직원들에게 자기계발의 기회를 제공하기 때문이다. 아예 경영학석사(MBA)

과정을 준비하는 회사도 있고, 오전과 오후에 걸쳐 여덟 시간씩 '토요 집중교육 프로그램'을 운영하는 기업체도 있다.

그러니까 평일에는 일하러 출근하지만 토요일에는 공부하러 출근한다는 얘기다. '정글에서 살아남기 위한 어쩔 수 없는 휴식 반납'이라는 식의 경직된 부담감만 주지 않는다면 바람직한 모습이라고 생각된다.

평생학습의 중요성이야 새삼 강조할 필요가 없다. 그것을 토요일에만 한정할 필요도, 그리고 당장 직장생활에서의 경쟁력 제고에 보탬이 되는 어학이나 컴퓨터 혹은 경영관련 지식 등의 실용적인 분야에 국한할 필요도 없다. 직무와 상관없는 문학·철학·역사 등 광범위한 교육은 삶의 질을 풍성하게 하고, 폭넓은 사고와 삶의 지혜를 제공한다. 그를 통해 직장생활도 더 잘할 수 있다.

★ ★ ★

그동안 내가 맡았던 회사마다 원만한 노사관계를 유지해 왔기 때문인지, 요즘도 노사화합을 주제로 강의를 해달라는 요청이 간간이 들어온다. 그런데 간혹 약속된 강의날짜 직전에 취소통보가 날아오는 경우가 있다. 분규가 해결됐으니 강연을 할 필요가 없다는 것이다. 그들은 아마도 내가 쇳소리 나는 분규현장을 일거에 평정할 여의봉이라도 갖고 있는 줄 착각했던 모양이다.

정기적인 교육이든 특별한 외부인사 초청강연이든, 목전의 실리에만 목적이 실리면 동기도 흥미도 유발하기 어렵다.

나는 공부란 많이 듣고, 폭넓게 읽고, 자주 토론하는 것이라고 생각한다. 부서원들이 같은 책을 읽고, 아침에 30분쯤 일찍 출근하거나 퇴근 전 자투리시간을 이용해 토론하는 것도 시도해 봄직하다. 내 경험에 의하면, 지위고하간 혹은 구성원간 이해의 폭을 넓히는 좋은 기회로 활용할 수 있었다.

물론 독서토론할 책으로 꼭 경영서나 실용서를 고집할 필요는 없다. 셰익스피어의 희곡이면 어떻고, 신세대 여류작가의 연애소설이면 또 어떤가.

책을 벗삼는 사람에게서는 독단, 경솔, 아집 등 조직의 인화를 해치는 요인을 찾아보기 어렵다. '책을 읽고 난 뒤의 느낌〔讀後感〕'을 함께 나눌 수 있다면 더더욱 좋다. 자녀들에게만 하던 '공부하라'는 말을 이제 스스로를 향해 해야 한다.

『영웅숭배론』을 쓴 19세기 영국의 역사가이자 평론가 토머스 칼라일(Thomas Carlyle)은 영웅의 자질로 5가지를 열거했다. 그중 으뜸이 성실성이다. 성실성은 삶에 대한 태도를 말한다. 자기와의 약속을 지키는 것이다. '끊임없이 공부한다'는 자기와의 약속을 지켜나가는 사람이야말로 이 시대의 진정한 영웅이다.

스스로를 동기부여하라

보상을 위해 일하는 열 사람보다 재미로 일하는 한 사람이 소중하다

일선기업에서 주5일 근무제가 일반화되기 시작할 무렵이었다. 직장인들이야 덤으로 굴러들어온 토요일 하루(사실은 한 나절이지만)를 어떻게 이용할 것인지 구상하며 마음이 설레었을지 모르지만, 회사를 책임지고 있는 경영인에게 그것은 '빼앗긴 반공일'이었다. 일주일에 네 시간을 싹둑 잘라내고도 변함없는 경영성과를 유지해야 한다는 중압감, 특히 시간이 돈이나 마찬가지인 제조업 분야의 경영책임자들에게는 참으로 난감한 일이었다.

★ ★ ★

이스텔시스템즈의 경우, 그 시점이 바로 새로운 광전송장비의 연구개발이 막바지에 다다른 시기였다. 그 장비는 통신장비업계에서 진입장벽이 높기로 정평이 난 까다로운 제품인데다, 이미 경쟁업체에서 많은 연구원을 투입해 유일하게 국산화를 앞둔 상황이었다. 그 개발프로젝트가 지연되거나 실패한다면 회사 전체의 경쟁력에 큰 타격을 입을 것이 불을 보듯 뻔했다.

그렇다고 시류를 거스를 수도 없는 일이어서 일단 주5일 근무제를 공식적으로 시행했다. 나는 속이 탔지만, 다른 회사 직원들은 금요일 저녁부터 꽃놀이계획을 세우는 마당에, 우리 연구원들한테만 휴일근무를 강요할 수도 없는 노릇이었다.

그런데, 휴무일인 토요일에 회사에 나갔다가 나는 적지 않은 감동을 맛봤다. 자신이 맡은 일이 미진하다고 판단한 연구원들이 주말인데도 회사에 나와 연구에 매진하고 있지 않은가. 그런 자발적인 근무는 일요일까지 이어졌고, 그들의 열의 덕분에 우리는 소수의 인원으로 광전송장비의 자체개발에 성공할 수 있었다.

각종 연구조건이 상대적으로 불리했고, 급여도 그리 넉넉한 편이 아니었다. 그런데도 우리 연구원들이 그런 열정을 쏟아부을 수 있었던 이유는 무엇일까? 이 물음에 대해 나는 '보상을 위해 일하는 열 사람보다 재미에 빠져 일하는 한 사람이 더욱 소중하다'는 결론을 내렸다. 우리 회사가 3G(세대) 중계기와 휴대인터넷 중계기를 경쟁사보다 먼저 개발할 수 있었던 것도 모두 이런 자발적인 참여 덕분이었다.

★ ★ ★

'동기부여'라는 말은 교육현장뿐 아니라 기업 일선에서도 널리 쓰이는 말이다. 그러나 사람의 심리에 작용해야 유발되는 그 동기를 어떻게 부여할 것인가 하는 문제는, 경영책임자나 관리자들에게는 무척 어려운 문제다. 일에 대한 넉넉한 대가, 내가 맡은 업무에 대한 다른 사람의 인정, 승진, 칭찬, 특별휴가 등이 동기를 유발하는 일차적인 요인인 것은 분명하다. 그러나 이런 단순하고 행동 유발적인 요인만으로는 진정한 동기가 유발되기 어려울 것이다.

위에 열거한 외부조건이 넉넉하다 해도, 구성원들이 퇴근 후 술자리에서 "에이, 더러워서 못해먹겠다"는 불만을 무시로 쏟아놓는 회사라면, 구성원들을 조직 안에 붙들어두는 데는 성공했을지 몰라도 그들의 일에 대한 열정을 끌어내는 데는 실패했다고 봐야 한다.

일단 자기 일에 대해 개인적으로도 관심이 있어야 하고, 업무에 대한 욕구가 충만해야 하며, 무엇보다 일에서 성취감을 맛볼 수 있어야 진정한 내적 동기가 유발될 수 있다. 이쯤이야 모르는 사람이 없겠으나 '이렇게 하면 된다'는 해법을 제시할 수 있는 사람은 아무도 없을 것이다. 결국 물을 마시느냐 마느냐는 말(馬)이 알아서 할 일이지 마부가 억지로 시킬 수는 없는 일 아닌가.

그러나 구성원 각자의 동기부여를 저해하는 요인은 짚어볼 수 있을 것이다. 관료주의나 형식주의, 관리자와의 충돌과 갈등, 교육훈련의 부재로 인한 업무미숙, 직무수행을 위한 자원과 시간의 부족,

최종 기한에 대한 압박과 불안, 경직된 조직체계로부터 받는 위협 혹은 두려움, 직원들의 기여를 평가하지 않는 관리자……. 적어도 이런 요인들을 말끔히 걷어낸 그 지점이 바로 자발적인 동기부여의 출발점이 될 것이다.

진정한 의미에서의 동기부여를 위해서는 한방과 양방의 원리가 적용되어야 한다. 서구식 관점에서 개발된 보너스나 성과급 같은 인센티브는, 어떻게 보면 일시적으로 증상을 다스리기 위해 약물을 투여하는 것과 같다. 이것이 계속되면 약효가 점점 떨어져 나중에는 더 많은 약물을 계속 투여해야 하며, 어느 순간부터는 아무리 많이 투여해도 전혀 효과를 내지 못하게 된다. 대신 체질을 강화시켜 주는 한방요법과 같이 스스로 동기부여할 수 있는 사람이 되도록 변화시켜 준다면, 시간은 좀 오래 걸리더라도 그 효과는 점점 가속이 붙을 것이다.

리더라면 금전적인 보상시스템, 즉 몇 푼 더 주는 시스템을 만들어놓고 할 일을 다한 것처럼 생각하는 착각에서 벗어나야 한다. 구성원 각자의 능력을 배양하고 스스로 동기부여할 수 있는 기본체질을 강화시켜 주는 방안을 끊임없이 강구해야 한다.

★ ★ ★

지난 1960~70년대의 구인(사원모집) 광고를 보면 사업체의 규모에 관계없이 비슷한 내용들이 실려 있다. 대개 기본급이 얼마고 상여금이 몇 퍼센트라는 식이다. 절대가난을 면치 못했던 당시 상황에서는 '돈 많이 준다'는 문구가 사람을 끌어들이는 유인효과를 발휘할 수 있었을 것이다.

하지만 단순 제조업이 대부분이었던 당시와는 달리, 고도의 지식산업사회로 탈바꿈한 오늘날은 '월급봉투의 두께'가 능력 있는 인재의 유치수단이 되기도 어려울뿐더러, 생산효율을 높이는 방책 또한 되지 못한다.

그런데 기업경영자들은 바로 그 60~70년대식 유인책에 대한 미련을 떨쳐버리기 어려운 모양이다. 같은 사업장에서도 개개인의 생산성을 토대로 차별적으로 임금을 지급하는 것이 생산효율을 높일 뿐 아니라 조직이 당면한 과제들을 모조리 해결해 줄 것이라고 믿는 경영자들이 아직도 허다하다.

'인센티브제'라는 금전적 보상제도는, 내 경험에 비춰봤을 때 단순·반복적인 저기술 제조업에서만 성과를 기대할 수 있었다. 그 경우에도 단지 양적인 성과만을 향상시키는 정도였다. 또 이 금전적 인센티브를 강조하는 것은 아무래도 통제적인 성격을 띠게 되기 때문에, 심리적 저항을 유발할 수도 있다. 노벨상 수상자인 허버트 사이먼(Herbert Simon)도 바로 그 점을 지적한다.

> 비록 경제적인 보상이 구성원들로 하여금 조직의 목표 달성에 매진하고 경영진의 권위에 복종하도록 만드는 데 중요한 역할을 하는 것은 사실이지만, 그러한 보상이 동기부여의 유일한 혹은 주요한 수

단이 된다면 그 조직은 비효과적인 시스템으로 전락하고 말 것이다.

더구나 오늘날 저기술 제조업의 대부분이 저임금 국가로 이전되고 부가가치 높은 연구개발 업무가 중심으로 자리잡은 우리의 산업구조 속에서, 인센티브에 과도하게 의존하거나 그것의 효율을 맹신하는 것은 극히 위험한 일이다. 보릿고개 넘기가 어려웠던 시절에야 전답 많은 집 맏며느리로 딸을 출가시키는 것이 딸 가진 부모의 소망이었겠지만, 이제는 그 집 식구들의 성품·가풍·생활환경을 조목조목 따지는 시대가 되었다. 답은 거기에 있다. 즐겁게 일할 수 있는 근무환경을 만드는 것.

한국전기초자에 있을 때, 나는 회사에 '가장 어려운 일을 항상 즐거운 마음으로 열심히 일하는 회사'라는 큰 간판을 걸었다. 그리고 정말 직원 모두가 신명나게 일하는 문화를 만들기 위해 노력했고, 그것이 한국전기초자를 회생시킨 원동력이 되었다. 그런데 전하는 말에 의하면, 내가 회사를 그만둔 후 그 간판을 내렸다고 한다. 안타까운 일이다. 일을 사랑하는 문화 역시 그 간판과 함께 사라지지 않았을까 걱정스럽다.

다시 한 번 확언하지만 일을 사랑하는 문화, 끊임없이 학습하는 문화가 사라지면 기업은 쇠퇴할 수밖에 없다. 문화가 쌓이면서 실적이 호전되고(Turn Around), 그렇게 되어야만 안정적인 성장이 가능해진다. 문화의 바탕이 없이는 성공은 불가능하다.

동원시스템즈에 와서는 사무실 곳곳에 'Not the biggest, But the best'라는 슬로건을 걸었다. 이는 우리가 새로이 지향하는 문화다.

'작지만 강한 회사'를 만들기 위해 내가 가장 많은 시간과 관심을 쏟는 일은 임원이나 팀장들이 제 역할을 제대로 할 수 있도록 돕는 것이다. 그것이 나의 일이다. 그 수단으로 활용하는 것이 매주 월요일 아침 7시에 진행되는 임원·팀장급 간부회의다. 한국전기초자에서는 아침 6시에 시작했는데, 동원시스템즈에서는 7시에 하고 있다. 그 시간에 각 부문별로 전략과 실행에 대한 정보를 공유하고, 잘못된 방향은 서로 잡아주고, 적절하게 코치를 해준다. 모두가 한 방향으로 함께 가도록 조정하는 일이 이 시간의 중요한 기능이다. 그리고 나머지 시간은 주로 전략을 구상하는 일에 활용한다.

내 사무실은 항상 열려 있다. 임원이나 팀장들이 언제든 찾아와서 의견과 고민을 나눈다. 이들 20여 명에게 실질적인 책임과 권한을 부여하고, 힘이 부치면 도와주고 조정하는 일이 내 역할이다. 나는 그들에게 가능한 한 많은 질문을 한다. 스스로 아이디어를 짜내고, 스스로 문제해결 능력을 갖추도록 하는 데 역점을 두고 있다. 나는 늘 생각한다. 내가 물러나도 모두가 스스로 알아서 잘하고 성과를 창출하게 하는 것이 내 리더십의 마지막이라고.

권위를 갖되, 권위주의자는 되지 말라
합리적인 권위와 비합리적인 권위

우리 속담에는 '원님'이라는 말이 들어간 게 심심찮게 있다. '원님 덕에 나발 분다' '원님보다 아전이 무섭다' '원님이 심심하면 좌수 볼기를 친다' 등등. 대부분이 고을 수령인 원님의 막강한 위세를 풍자한 것이다. 자신이 맡은 고을의 질서를 유지하고 백성들의 안위를 책임져야 하는 원님에게 상당한 권위가 있어야 함은 두말할 나위가 없다. 그러나 그 원님의 권위가 관리나 백성들의 존경을 바탕에 두고 생성된 것이냐, 걸핏하면 좌수 볼기나 내려쳐 어거지로 만들어 누리는 것이냐에 따라 그 성격은 180도 달라진다.

합리적인 권위는 능력에 기초를 두고 있으며 그것에 의존하는 사람이 성장하는 데 도움을 주지만, 비합리적인 권위는 힘에 기초를 두고 있으며 그것에 종속된 사람을 착취하는 데 봉사한다.

에리히 프롬(Erich Fromm)의 『소유냐 삶이냐』에 적시된 이 정의 속에 권위의 질(質)과 성격을 구분하는 기준이 명쾌하게 제시돼 있다.

원님이 아랫사람들의 볼기를 쳐서 유지하려는, 즉 '힘'을 기초로 한 비합리적인 권위에 일상적으로 젖어 있는 사람을 '권위주의자'라고 할 수 있을 것이다. 우리 사회의 다양한 조직을 책임지고 있는 사람들 중에 스스로가 권위주의자인 줄 모르는 권위주의자들이 의외로 많다. 그런 부류의 사람들이 이끄는 조직에서는 상명하복이 강조되고 기득권에 대한 존중이 우선된다. 그런 조직에서는 구성원 개개인의 창의력이 떨어지고 조직의 혁신능력이 저하되기 마련이다. 사실 위로부터의 지시에 이의 없이 따르고, 기존의 질서에 순응하는 것이 성실하다고 인정받는 풍토에서, 그것들을 거스르는 창의적인 구성원이 설 땅이 있겠는가. 급변하는 시대에 이런 조직이 정체하거나 퇴보하지 않는다면 그것이 오히려 이상할 것이다.

비합리적인 권위의 기초가 되는 '힘'이란 반드시 원님의 볼기치기처럼 원시적인 것만을 일컫는 것은 아니다. 산업사회 초기에는 '정보독점'이 비합리적인 권위의 기초가 되기도 했다. 미지(未知)의 영역이 워낙 넓었던 시대인지라 남이 모르는 내용을 나만 알고 있다는 것은 대단한 힘이요, 권위였다. 문제는 같은 조직 안에서도 정보를 독점한 특정인이 그것을 밑천으로 지나치게 위세를 부렸다는 점이다.

그러나 지금은 정보공유가 조직의 힘을 창출하는 시대다. 그럼에도 불구하고, 평사원들이 임원들의 얼굴표정을 보고 회사 돌아가는 사정을 점치는 조직이라면 희망이 없다고 봐야 할 것이다. 사원들간의 수평적인 관계에서도 마찬가지다.

동원시스템즈의 사원들은 대부분 연구직이다. 나는 부임 초기에 독서실처럼 막아놓았던 연구원들간의 칸막이를 걷어내고, 팀으로 재편해서 팀원간에 서로 정보를 공유해 가면서 연구하도록 독려했다. 독점적인 정보가 개인의 권위를 만들어준다면, 공유하고 토론해서 얻어진 정보는 조직의 건강한 경쟁력이 되기 때문이다.

일방적인 지시, 상명하복, 연공서열 등의 문화가 지배하는 풍토에서 생성된 권위는 토대가 허약하기 때문에 위기가 닥치면 사상누각이 되기 쉽다. 직위가 낮은 사람을 인격적으로 낮게 치부하는 조직 분위기 속에서는 상호간의 존경은 찾아볼 수 없다. 조직의 책임있는 자리에 있는 사람이라면 가끔 이런 질문을 스스로에게 던져보아야 한다.

"나의 권위는 힘이 만들어준 비합리적 권위인가, 아니면 구성원들의 존경에 기초하고 있는가?"

21세기 리더십론
창의성, 유연성, 자율성으로 무장하라

21세기에 CEO가 되어 기업을 크게 일굴 사람들이 가져야 할 덕목은 세 가지다. 첫째, 창의성. 둘째, 유연성. 셋째, 자율성.

20세기와 21세기는 다르다. 20세기에는 수요가 많고 공급이 모자라 계획적으로 공급만 잘하면 수월하게 기업을 경영할 수 있었다. 또한 몇몇 엘리트 임원과 CEO가 전략을 잘 세우고 나머지 인력은 무조건 따라가기만 하면 되는 체제였다.

그러나 21세기는 모두의 참여를 원한다. 수요보다 공급이 많아 수요와 공급이 불일치하고 그로 인해 경쟁이 심화됐다. 또한 몇몇 사람이 전체 계획을 세우는 게 아니라 모든 구성원이 함께 참여해 마음을 모을 수 있는 시스템이 필요하다. 그 많은 인력의 뜻을 한데 모으고 모두 참여할 수 있는 조직을 만드는 것이 리더의 역할이다.

20세기에는 관리(Management)가 중요했다. 관리란 일정한 테두리 안에서 계획하고 집행하며 통제하고, 문제가 노출되면 또 계획하고…… 하는 반복적인 과정, 즉 PDC(Plan→Do→Check)만 잘 챙기면 되는 것이다.

그렇게 관리의 틀 속에서 다른 부문과의 대화 없이 일이 진행되다 보니, 일을 '시키는' 역할의 관리자들은 오만불손해지고 '당하는' 인력들은 내가 맡은 업무만 잘하면 된다는 이기적인 생각을 갖게 됐다. 이는 21세기 경영에서는 반드시 근절해야 할 모습이다.

얼마 전 '21세기 경영은 어떻게 될까?'라는 주제의 학술대회에 참여한 적이 있다. 그 학술대회에 참석하기 전에도 답은 명백했다. 지금까지의 권위주의적인 문화에서 벗어나, 모든 구성원이 정보를 동등하게 공유하고 자유롭게 대화할 수 있는 문화가 21세기 경영의 핵심이다.

노동조합원들이 머리에 붉은 띠를 두르고 삭발을 하며 파업을 하는 이유는 무엇일까? 그것은 회사가 돌아가는 사정을 제대로 파악하지 못하는 데서 비롯된다.

일은 열심히 하고 있지만 회사가 대체 어디로 가는지도 모르겠고, 관리자들은 항상 어렵다고만 한다. 노동의 대가를 제대로 못 받는 것 같고, 손해만 보는 것 같고, 사람대접을 제대로 안 해주는 것 같고……. 그러다 권리를 찾아야겠다는 생각이 들어 툭 까놓고 솔직히 대화할 기회를 만들기 위한 최후의 수단으로 발생하는 것이 파업과 집회다.

따라서 경영에 있어 가장 중요한 것은, 틀 속에 갇힌 관리에서 벗어나 틀 밖의 변화를 깨닫고 그것에 대응할 수 있도록 힘을 길러주는 '참된 리더십'이다.

리더십이란 무엇인가? 남이 모르는 것을 안다고 목에 힘주고 권위를 행사하는 게 아닌, 정보공유를 통해 조직이 어디로 어떻게 가야 하는가에 대한 비전을 제시하는 것이다.

리더십은 캐치프레이즈나 캠페인성 표어로 설명되는 것이 아니다. 우리가 어떻게 무엇을 할 것인가, 그 결과는 어떻게 나타날 것인가를 조직구성원들에게 명확하게 설명하는 것이다.

★ ★ ★

21세기의 리더는 조직의 한복판에서 솔선수범해야 한다. 그러기 위해 가장 중요한 것은 무엇인가? 사람과 짐승이 무엇이 다른지 생각해 보자. 짐승은 태어나자마자 알아서 기고 먹는다. 하지만 사람은 어떤가? 적어도 고등학교를 마칠 때까지는 부모와 친척과 이웃 속에서 길러지는 동물 아닌가. 흔히들 사람의 성격은 타고난다고 하지만, 나는 만들어진다고 생각한다.

기업은 무엇인가? 그러한 사람들이 모여서 일하는 곳이다. 따라서 CEO는 그 조직의 성격, 즉 기업문화를 만들기 위해 노력해야 한다.

나는 어떤 기업을 맡으면 그 업종과 직종에 관계없이 항상 몇 가지 문화를 조성한다. 가장 먼저 구성원들이 공부하는 습관을 기르도록 유도한다. 여기서 공부란 다른 사람들의 이야기를 귀 기울여 듣는 것에서 시작된다. 서로의 얼굴을 쳐다보며 편안한 마음으로 상대방의 말을 듣는 것. 그런 분위기 속에서라야 따뜻한 정과 의욕이 생길 수 있다.

다음으로는 행동으로 옮기는 습관을 들여야 한다. 알면서도 행동하지 않는 사람을 우리는 '바보'라고 한다. '바보들은 항상 결심만 한다.' 그들은 좋은 기회가 와도 행동으로 옮기지 않아 기회를 놓쳐버리고 불평만 앞세우며 변화를 주도하지도 못한다. 이렇게 아는 것만 많은 '똑똑한 바보'가 결국 회사를 망친다.

잘 굴러가지 않는 회사의 CEO는, 자기는 그저 좋은 전략만 세우면 그만인 줄로 안다. 나머지는 다 아랫사람들에게 맡겨버리고 정기적인 결과보고만 요구한다. 과거에는 그게 통했을지 모르지만 이제는 어림도 없다. 전략의 수립에서 실행 단계까지 CEO가 한복판에 서 있어야 한다.

21세기에는 대화하는 기업문화가 중요하다. 그런데 지난 세기처럼 틀 안에 갇힌 관리방식으로 대화를 하다 보면 솔직한 의견이 오가기 어렵다. 벽을 없애고 마주앉아 대화할 수 있는 문화를 조성해야 한다.

우리 사회는 지나치게 연공서열과 위계질서를 강조하는데, 그래서는 발전적인 대화가 이루어질 수 없다. 벽을 허물기 위해서는 현재 직위가 높거나 책임을 맡은 사람들이 먼저 형식을 깨기 위해 노력해야 한다. 나는 누구든 언제든 무슨 일을 가지고서라도 나를 찾아와 이야기할 수 있도록 내 방에 항상 라운드테이블을 준비해 놓는다. 평등한 대화를 위해서.

아울러 일을 사랑하는 문화를 만들어야 한다. 일은 나를 구속하는 게 아니라 축복이다. 『칭찬은 고래도 춤추게 한다』에 '일에 대한 보상보다는 재미가 더 중요하다'는 대목이 있다. 카를 힐티(Carl Hilty)의 『행복론』에도 '행복하고 싶으면 무엇보다 먼저 일을 하라'는 구절이 있다.

"다들 힘들다고 하던 회사를 어떻게 세계 최고로 만들었느냐?"라고 물으면, 나는 가장 먼저 "우리는 일을 사랑했다"고 말한다. 남들 놀 때 일했고 남들 잠잘 때 깨어 있었으며 남들이 쉴 때 공부했다.

마지막으로 인간을 존중하는 문화를 조성해야 한다. 제프리 페퍼(Jeffrey Pfeffer) 스탠퍼드대 석좌교수는 "기업의 경쟁력은 상품이나 서비스 자체가 아니라 궁극적으로는 사람에서 나온다"고 했다. 최고의 전략과 기술만으로는 으뜸기업이 될 수 없다.

영웅은 성실성, 통찰력, 지능, 카리스마, 변화에 도전하는 용기를 가지고 있어야 비로소 진정한 영웅이라고 할 수 있다. 21세기의 리더도 이와 같은 덕목을 지녀야 한다. 존경받는 리더가 되어 21세기에 우뚝 서기 위해서는 남보다 더 공부하고 변화를 오히려 즐기는 자세를 가져야 하는 것이다.

미래의 전문경영인들에게 바칩니다.